# 我们的经典 07

余世存 李克 主编

# 庄子 自由之书

化学工业出版社
·北京·

图书在版编目（CIP）数据

自由之书：庄子 / 余世存，李克主编．— 北京：化学工业出版社，2018.3

（我们的经典）

ISBN 978-7-122-31325-6

Ⅰ.①自… Ⅱ.①余… ②李… Ⅲ.①道家 ②《庄子》-译文 Ⅳ.①B223.54

中国版本图书馆CIP数据核字（2018）第002691号

责任编辑：周天闻　龚风光　　　装帧设计：今亮后声 HOPESOUND pankouyugu@163.com

责任校对：边　涛

出版发行：化学工业出版社（北京市东城区青年湖南街13号　邮政编码 100011）

印　　装：北京新华印刷有限公司

880mm × 1230mm 1/32　印张 $6^1/_4$　字数 180千字　2018年6月北京第1版第1次印刷

购书咨询：010-64518888（传真：010-64519686）　售后服务：010-64518899

网　　址：http://www.cip.com.cn

凡购买本书，如有缺损质量问题，本社销售中心负责调换。

定　价：39.00元

# 我们的经典

## 序

传统学问有正义、集解一类的方式。正义又名“疏”，也称“注疏”“义疏”，是一种经注兼释的注释。集解则是汇集诸家对同一典籍的语言和思想内容的解释，断以己意，以助读者理解。何晏曾说：“今集诸家之善，记其姓名；有不安者，颇为改易，名曰《论语集解》。……”裴駰则说：“采经传百家并先儒之说，豫是有益，悉皆抄内。删其游辞，取其要实，或义在可疑，则数家兼列……号曰《集解》。”

多数人以传统正、解的方式阅读经典。但跟传统以经解经的方式不同，在“正解”之外，本书称为和解。本书有离经叛道之处，即是对经典的注解不仅只依从于自家经典，如一些儒生们习惯的只能以儒家经典来注孔孟；编者从经典的文句、义理等出发，联接古今中外，让读者看到一段经典话语下，有孔子、老子、苏格拉底、亚里士多德、莎士比亚、康德、黑格尔、鲁迅、胡适、罗尔斯、汤因比等经典作家们在互动、对话，在辩难、阐发，“观古今于须臾，抚四海于一瞬”。在某种意义上，本书既是传统图书的新成果，又鲜明体现了网络时代的精神：万物相互联接。

在网络阅读当令的时代，纸质经典阅读已经成为一种非常奢侈的人生体验。现代人已经习惯了轻阅读、快悦读、消费式阅读、网络阅读，等等，纸质经典阅读似乎已经过时，我们从网络上随时可以猎取柏拉图、亚里士多德、孔子、墨子等经典人物的言行事迹。但返回到纸质经典阅读，是每一个人的权利，更是他对自己的责任。

在传统社会，无数寒门子弟的心愿是：“我要读书！”无数的苦难大众，那些终生劳作不得温饱的“睁眼瞎”们的心声是：“我连到学堂里面去摔一跤的机会都没有。”今天的文明在整体上已经迈过了短缺、匮乏的时代，知识大规模下移，使任何一个卜居或旅居偏远地带的人，都能随时阅读；只要有一手机在，他就可以连接人类文明的图书宝库。

网生代享受的文明福祉是空前的。但跟文明史上那些传媒介质咸与维新的革命有所不同，网络阅读并不会取代纸质阅读。跟专家们预测的网络阅读取代纸质阅读的趋势相反，纸质阅读仍是今日人类个体最宝贵的生活内容。如果我们能够理解网络精神，我们当知在网络时代，新的革命不是推翻旧的、取代旧的，而是对旧的包容。即使从小生活在无纸化的新一代人，他们的大脑皮层有异于上代人，他们仍会向传统归队，会获得纸质经典阅读的生命成就。

对纸质经典阅读的乐观不仅是源自网络精神，网络的共生精神跟古典文化的认知一致，道并行而不相悖，万物并育而不相害；甚至说，古典文化未能实现的梦想今天由网络实现了。网络不会推倒纸质图书，更不会解构经典阅读。更为重要的是，在共生的网络时代，纸质经典阅读对习惯无纸化的网生代来说是一种重要的修行。

谈论网络阅读和纸质经典阅读的差异还为时过早，一般人理解的网络阅读多不走心，是刷屏，是走马观花，是采集狩猎，等等，并非网络阅读的本质，网络阅读同样能够求知问学、明心见性。但从网络的角度理解，纸质经典确实过于沉重、晦涩、凝固了，过于安静了。纸质经典乃是用纸质把人类流传千年的文明精神“封印”了。这些先人的精神文化血脉，如仅仅靠网络阅读是不足以消化为阅读者自身的资粮的。现代人要打开人类的文明精神、听取先贤们的深刻思想，仅仅靠网络的音频视频介质去阅读听取是不够的。在打开“封印”的文明之旅中，尤其是在跟先人对话并滋养自身的修行中，专注、精纯的纸质经典阅读几乎是不二之路。一份调查显示，在美国著名大学的阅读榜上，占前一二十名的仍是古往今来的人类经典。

跟一般阅读有所不同，经典阅读是一种对自己的打开，是把自己从外在的世界中找回来。这一特征可以判定一个人是否读进了经典、读出了自己。有人拿着书“一目十行”，有人拿着书“心不在焉”，这些阅读都非对经典的正当态度。经典并非“咳风唾地”的时语或“明日黄花”，而是文明演进的界石、台阶。在知识爆炸的网络时代，这些界石、台阶需要我们去一一领略。在日常生活中阅读经典是如同信徒做礼拜一样听闻福音的方式，更是我们成全自己、安顿自己的方式。遗憾的是，现代人容易忽略经典，容易倾向于在网上冲浪去获取知识。但用网友们的总结，知识易得，智慧难求。

传统社会的读书，首先是调心。礼闻来学，无闻往教。没有对自己心的把握，机械地认字识文，是难以读好书，难以打开自己和经典的“封印”状态，更难以获得智慧。如同中西贯通的大儒马一浮先生所说，“故欲读书，先须调心。心气安定，自易领会。若以散心读书，博而寡要，劳而少功，必不能入。以定心读书，事半功倍。随事察识，语语销归自性。然后读得一书，自有一书之用。不是泛泛读过。须知读书，即是穷理博文之一事。然必资于主敬，必赖于笃行。不然，则只是自欺欺人而已。”

马一浮先生还说：“读书如人行远，必假舟车。舟车之行，须由轨道，待人驾驶。驾驶之人，既须识途，亦要娴熟。不致迷路，不致颠覆，方可到达。故读书之法，须有训练，存乎其人。书虽多，若不善读，徒耗日力。不得要领，陵杂无序。不能入理，有何裨益？”

《我们的经典》以华夏经典为经，以其他文明经典为纬，构建“万书之书”的格局，正是希望给读者提供有效的“轨道”“舟车”。编者曾经有过在国外旅行生活的经历，对其很多酒店房间放置经典的做法很是欣赏，也从中获得阅读之乐和教益。而关于国民阅读的倡导是近年我国社会的热点话题，其中既有我国国民对经典文化的疏离问题，也有我国国民人均图书阅读量较为低下的问题。对这些问题如何解决，如何让大家从纷繁复杂的世界和生活中有所解脱，使浮躁的心得以安顿，“云何应住，云何降伏其心。”显然，阅读经典仍是方便，“安禅制毒龙”，借用孟子的话，经典之道无他，求其放心而已。

经典的传统出版形式，要么是经典文本的直接再现，要么加上专家的导读，或各家各派内部的以经解经。本书则是面向社会读者，以跨界域跨门派的方式呈现经典的多维角度。从某种意义上说，让上述古今中外的经典作家在书中聚会，既是经典的复调、多声部的发现，又是读者的嘉年华，是话语的狂欢。

在经典面前，我们的很多说辞属于“佛头着粪”，但本书有着编辑“再建构”和“重新发现”的用心，因此，我们愿在此书以新形式呈现之际，饶舌一二，希望读者能够善待经典，善待自己的人生百年。

传世《庄子》有内篇、外篇及杂篇之别。目前，大多数学者都认可“内篇”为庄子本人所作。其他两篇的作者，学界尚无定论。为了更准确地领会庄子的思想，本书选“内篇”为文本进行解读。

是为序。

余世存

2017 年 12 月写于北京

# 目录

庄子

# 逍遥游第一

——北冥有鱼，其名为鲲。鲲之大，不知其几千里也。化而为鸟，其名为鹏。鹏之背，不知其几千里也。怒而飞，其翼若垂天之云。是鸟也，海运则将徙于南冥。南冥者，天池也。

《齐谐》者，志怪者也。《谐》之言曰："鹏之徙于南冥也，水击三千里，抟（tuán）扶摇而上者九万里，去以六月息者也。"野马也，尘埃也，生物之以息相吹也。天之苍苍，其正色邪？其远而无所至极邪？其视下也，亦若是则已矣。

▲语译 - 北海有一条鱼，它的名字叫鲲。鲲的体形巨大，不知道有几千里。鲲化成鸟，名字叫作鹏。鹏的脊背，不知道有几千里。鹏振翅高飞，它的翅膀像天边垂落下来的云。这只鸟在大海翻腾、海风刮起时就将飞向南海。南海就是天池。

《齐谐》这本书，是记载奇闻异事的。这本书上说："当鹏飞往南海时，水浪击起达三千里，借着旋风盘旋直上九万里，它是乘着六月的大风飞去的。"像野马一样奔腾的雾气，飞扬起来的细小尘埃，还有各种各样微小生物都是被风所吹而飘动的。天色湛蓝湛蓝的，难道是它真正的颜色吗？还是因为远到没有办法到达，而看不见边际呢？鹏在高处向下看，也是这样的吧。

◎ **和解**

1. 据当代著名神话学家袁珂考证，所谓“鲲”，其实就是经过神话特别夸大表现的鲸，也就是《山海经》里面的海神禺京；禺京同时兼任风神，作为海神是人头鱼身，作为风神是人头鸟身；鲲鹏之变就是写禺京由海神变为风神的经过。他同时认为，所谓鹏实际上就是大风，“风”与“凤”在甲骨文中本来就是一个字，巨鸟所经过的地方，必定有大风相伴。《说文》中解释说：“朋及鹏，皆古文凤字也。”

2.《北冥》本亦作溟，北海也。嵇康云：“取其溟漠无涯也。”梁简文帝云：“窅冥无极，故谓之冥。”东方朔十洲记云：“水黑色谓之冥海，无风洪波百丈。”

3. 陈抟为五代宋初著名道教学者。字图南，自号“扶摇子”。亳州真源（今安徽亳州，一说今河南鹿邑东）人。

4. 李白《上李邕》：“大鹏一日同风起，扶摇直上九万里。”

   李清照《渔家傲·记梦》：“九万里风鹏正举。风休住，蓬舟吹取三山去。”

**—— 且夫水之积也不厚，则其负大舟也无力。覆杯水于坳（ào）堂之上，则芥为之舟，置杯焉则胶，水浅而舟大也。风之积也不厚，则其负大翼也无力。故九万里则风斯在下矣，而后乃今培风；背负青天而莫之夭阏（è）者，而后乃今将图南。**

▲ 语译 - 水积蓄得不够深厚，它就没有力量负载起大船。把一杯水倒在厅堂中的低洼处，一根小草就可以成为船；但是放一个杯子上去，就会被黏住，是因为水浅船大的原因。风力积蓄得不够大，承载巨大的翅膀的力量就不够。所以鹏高飞九万里，风就在它的下面，然后才会乘风而行；鹏背负青天，而没有什么能够拦阻它，然后才开始向南方飞去。

◎ **和解**

里尔克十四行诗：“在真理中吟唱，乃另一种气息。此气息无所为。它是神灵，是风。”

海德格尔：“这种风的鲜明把万物的透彻的不可置换带进大气之中。在大气中，一切有生命的东西以及大地之子呼吸着。”

**—— 蜩与学鸠笑之曰：“我决起而飞，抢榆枋，时则不至而控于地而已矣，奚以之九万里而南为？”适莽苍者，三飡**

里尔克（1875—1896）

在真理中吟唱，乃另一种气息。

此气息无所为。它是神灵，是风。

**而反，腹犹果然；适百里者，宿舂粮；适千里者，三月聚粮。之二虫又何知！**

▲ 语译 - 蜱和小斑鸠讥笑大鹏说："我们从地面上迅速地飞起，遇到榆树和檀树就停下来，有时飞不上去，就落到地上，何必要飞九万里往南海去呢？"去到近郊的人，只带三餐粮食当天就能回来，肚子还是饱饱的；去到百里之外的人，就要准备过夜的粮食；去到千里之外的人，必须积攒三个月的粮食。这两只虫鸟又哪里能知道呢！

◎ 和解

1. 王国维《人间词话》："以物观物，故不知何者为我，何者为物。"

2.《史记·陈涉世家》："陈涉少时，尝与人佣耕，辍耕之垄上，怅恨久之，曰：'苟富贵，无相忘。'佣者笑而应曰：'若为佣耕，何富贵也？'陈涉太息曰：'嗟乎，燕雀安知鸿鹄之志哉！'"而园悟禅师的《碧岩集》中记载：唐宣宗年少时受到武宗的疑忌，于是逃出宫廷，在香严智闲和尚门下剃度为僧。后来，他跟随智闲和尚来到江西庐山。两人同观瀑布，智闲提出要作诗，想趁机考考他，以判断其底细究竟如何。智闲先吟出两句诗："穿云透石不辞劳，地远方知出处高。"宣宗接着吟到："溪涧岂能留得住，终归大海作波涛。"智闲和尚见此人学识渊博，气度不凡，便以礼相待。

——小知不及大知，小年不及大年。奚以知其然也？朝菌不知晦朔，蟪蛄不知春秋，此小年也。楚之南有冥灵者，以五百岁为春，五百岁为秋；上古有大椿者，以八千岁为春，八千岁为秋，此大年也。而彭祖乃今以久特闻，众人匹之，不亦悲乎？

汤之问棘也是已：汤问棘曰："上下四方有极乎？"棘曰："无极之外，复无极也。穷发之北有冥海者，天池也。有鱼焉，其广数千里，未有知其修者，其名为鲲。有鸟焉，其名为鹏，背若太山，翼若垂天之云，抟扶摇羊角而上者九万里，绝云气，负青天，然后图南，且适南冥也。斥鴳笑之曰：'彼且奚适也？我腾跃而上，不过数仞而下，翱翔蓬蒿之间，此亦飞之至也。而彼且奚适也？'"此小大之辩也。

▲语译 - 小智慧比不上大智慧，短命的比不上长寿的。如何知道是这样的呢？朝生暮死之虫不知道一个月的光阴，春生夏死、夏生秋死的寒蝉，不知道一年的时光，这就是短命。楚国的南方有一只灵龟，它把五百年当作一个春季，五百年当作一个秋季；上古时代有一棵大椿树，它把八千年当作一个春季，八千年当作一个秋季，这就是长寿。但是如今活了七百来岁的彭祖因长寿而闻名于世，很多人都想与之相比，难道不是一件悲哀的事情么！

商汤问棘即明此义。商汤问棘说："上下四方有极限吗？"

棘说："无极的外面，还是无极。在不毛之地北面，有个大海，就是天池。里面有条鱼，它的身体宽广达几千里，没人知道到底多长，它的名字叫作鲲。那里也有一只鸟，它的名字叫作鹏。鹏的脊背像泰山，翅膀像垂下天边的云彩；借着旋风盘旋上到九万里的高度，超越了云层，背负青天，然后向南飞行，要飞向南海。小泽里的麻雀讥笑鹏说：'它要飞到哪去？我一跳就飞起来，但是几丈高就落下来，翱翔在蓬蒿丛中，这也就是飞行的极致了。而它还想要飞去何方呢？'"这就是大与小的分别。

◎ **和解**

1. 潘岳《朝菌赋序》："朝菌者，时人以为蕣华，庄生以为朝菌。其物向晨而结，绝日而殒。柰何兮繁华，朝荣兮夕毙。"

2. 王羲之《兰亭集序》："固知一死生为虚诞，齐彭殇为妄作。"

3.《淮南子》："蚕食而不饮，二十二日而化；蝉饮而不食，三十日而脱；蜉蝣不食不饮，三日而死。"因此，后世文人多以"蜉蝣""朝菌"等词来慨叹生命的短暂，如苏轼之《前赤壁赋》："寄蜉蝣于天地，渺沧海之一粟。"佛教徒亦将生命比作蝼蚁，朝生暮死。

**—— 故夫知效一官，行比一乡，德合一君而征一国者，其自视也，亦若此矣。而宋荣子犹然笑之。且举世而誉之而**

**不加劝，举世而非之而不加沮，定乎内外之分，辩乎荣辱之境，斯已矣。彼其于世，未数数然也。虽然，犹有未树也。**

**夫列子御风而行，泠然善也，旬有五日而后反。彼于致福者，未数数然也。此虽免乎行，犹有所待者也。**

**若夫乘天地之正，而御六气之辩，以游无穷者，彼且恶乎待哉！故曰：至人无己，神人无功，圣人无名。**

▲ 语译 - 所以，那些智慧能胜任一个官职，品行能够顺应一乡百姓，德行能符合君王的心意，能力被全国所信任的人，他们自己看待自己，也都像这些麻雀那样。宋荣子对这种人加以嘲笑。宋荣子这样的人，没有因为被世上所有的人都称赞而特别奋勉，也没有因为世上所有的人都非议，而因此沮丧，他已经认清楚了自我与外物的分寸，辨别明白荣辱的界限，不过如此而已。他对于世俗功名，都未曾去积极追求。即便这样，还是有他未达到的境界。

列子乘着风而行，飘飘然十分擅长，十五天以后返回。他对于求福的事，未曾去积极追求。这样即使免于步行，仍然要凭借风力而行。

倘若顺成天地万物的本性，驾驭六气的变化，遨游于无穷的境地，他还需要凭借什么呢？所以说：至人能忘却自己，神人不会求取功利，圣人无意于名声。

◎ 和解

1. 郭象注："（宋荣子）未能齐，固有笑。"成玄英疏："荣子虽能忘有，未能遣无，故笑。"

2. 嵇康《琴歌》："凌扶摇兮憩瀛洲，要列子兮为好仇。"

3.《庄子》一书中对"至人""神人""圣人"的概念多有模糊。旧说三者并列，都代表了庄子心中崇高人格的代表。或说，三者之中至人最重，是庄子理想中修养最高的人，可以对应于"无为而无不为"的老聃；而"神人"是庄子理想中仅次于"至人"一等的人，可对应于庄子本人甘愿"游戏于污渎之中以自快"；而"圣人"本是儒家理想中修养最高的人，而庄子却置于"至人""神人"之下，作为第三等，自然是"知不可为而为之"的孔子了。

4.《老子》："是以圣人后其身而身先，外其身而身存。"

—— **尧让天下于许由，曰："日月出矣，而爝（jué）火不息，其于光也，不亦难乎！时雨降矣，而犹浸灌，其于泽也，不亦劳乎！夫子立而天下治，而我犹尸之，吾自视缺然。请致天下。"**

**许由曰："子治天下，天下既已治也，而我犹代子，吾将为名乎？名者，实之宾也，吾将为宾乎？鹪（jiāo）鹩（liáo）巢于深林，不过一枝；偃鼠饮河，不过满腹。归休乎君！**

**予无所用天下为。庖人虽不治庖，尸祝不越樽俎（zǔ）而代之矣。”**

▲ 语译 - 尧打算把天下让给许由，对许由说：“日月都出来了，而小火炬还不熄灭，它想和日月争辉，不是太难了吗？应时的雨水降下了，还要灌溉田地，对于润泽大地上的禾苗，不是显得徒劳吗？你如果被立为君王，天下一定大治，我却还占着位置，我自省起来感到惭愧，请允许我把天下交给您。”

许由说：“您治理天下，天下已经安定，而我再接替您，我这难道是为了虚名么？虚名，仅是实利之附庸。我是想贪图虚名吗？鹪鹩在树林深处筑巢，只需要一根树枝；鼹鼠饮河水，不过是喝饱肚子。您请回去吧，天下对于我有什么用！厨子即使不尽职守，主祭的人也不该超越权限而代行厨子的职责。”

◎ **和解**

1. 庄子在这部分中提及了“名实之辩”。“名者，实之宾也”，“名”反映“实”，但是又不能完全代表“实”，即概念语言等并非与现实一一对应，所谓的对应仅仅是一种相对性的关系。

   老子的认识更为彻底：“道可道，非常道。名可名，非常名。无，名天地之始；有，名万物之母。”人对世界的认识从命名开始，概念语言使混沌的世界清晰明了，变得可以把握，但是另一方面，语言也限制了世界的无限性和丰富性。以惠施和公孙龙为代表的名家抛弃了哲学上的认识，仅仅把"名实之辩"处理成一个逻辑学的问题，强调"名"与"实"的各自相对独立性。孔子的观点是"以名正实"，"名不正则言不顺，言不顺则事不成"，所谓"正名"，就是通过语言来调节现实，规范社会，使之纳入到"唯上智与下愚不移"的等级秩序中，以维持父子、君臣之间的这种"名"与"实"之间的关系。无论"实"发生了多么翻天覆地的变化，"名"的秩序也不可改变。墨家主张"以名举实"。从经验主义出发，强调客观存在的第一性，现实是基础，语言概念等都是现实的反应，要随着现实的变化而变化。

相对于中国古代思想而言，西方哲学更多强调的是认识上的"名"与"实"。"存在主义"的最基本原则就是"存在先于本质"，即只有先有事实才能对其本质进行言说，同时只有对事实加以命名才能对其进行有效认识，对事实的认识是在语言中进行的，这一点与道家哲学具有明显的继承关系。

伽达默尔："世界本身是在语言中得以表现的。""没有语言之外的自在世界。"

维特根斯坦："我的语言的界限意味着世界的界限。""在逻辑空间中的事实就是世界。"

2. 颜之推《颜氏家训》："名之与实，犹形之与影也。德艺周厚，则名必善焉；容色姝丽，则影必美焉。今不修身而求令名于世者，犹貌甚恶而责妍影于镜也。上士忘名，中士立名，下士窃名。忘名者，体道合德，享鬼神之福佑，非所以求名也；立名者，修身慎行，惧荣观之不显，非所以让名也；窃名者，厚貌深奸，干浮华之虚称，非所以得名也。”

3. 成语“越俎代庖”的出处。

4. 左思《咏史·习习笼中鸟》：“饮河期满腹，贵足不愿余。巢林栖一枝，可为达士模。”

—— 肩吾问于连叔曰：“吾闻言于接舆，大而无当，往而不返。吾惊怖其言，犹河汉而无极也，大有径庭，不近人情焉。”

连叔曰：“其言谓何哉？”

“曰：‘藐姑射（yè）之山，有神人居焉。肌肤若冰雪，绰约若处子；不食五谷，吸风饮露；乘云气，御飞龙，而游乎四海之外；其神凝，使物不疵（cī）疠（lì）而年谷熟。’吾以是狂而不信也。”

连叔曰：“然，瞽（gǔ）者无以与乎文章之观，聋者无以与乎钟鼓之声。岂唯形骸有聋盲哉？夫知亦有之。是其言也，犹时女也。之人也，之德也，将旁礴万物以为一，世蕲（qí）乎乱，孰弊弊焉以天下为事！之人也，物莫之伤，大浸稽天而不溺，大旱金石流、土山焦而不热。是其尘垢秕

**穅，将犹陶铸尧、舜者也，孰肯分分然以物为事！”**

**宋人资章甫而适诸越，越人断发文身，无所用之。**

**尧治天下之民，平海内之政，往见四子藐姑射之山，汾水之阳，窅（yǎo）然丧其天下焉。**

▲ 语译 - 肩吾问连叔说：“我听接舆说过一段话，言辞夸大不切实际，一说下去就离题万里并且没法回来。我对他的话感到震惊和害怕，他的话就像银河一样漫无边际；跟一般的言论相差太远，简直是不近人情。”

连叔说：“他都说了些什么？”

肩吾说：“他说：‘在遥远的藐姑射山上，居住着一位神人。皮肤像冰雪那样洁白，体态风姿像姑娘一样优美；不吃五谷，只是吸食清风露水，乘着云气，驾着飞龙，就这样遨游在四海之外。只要他的精神凝聚，就可以使万物不受灾害而年年五谷丰收。’我认为这是狂言而不可相信。”

连叔说：“是这样的。盲人无法让他欣赏纹饰图样，聋子无法让他欣赏钟鼓乐声，那里仅仅只有形体上有瞎眼和耳聋？在智慧上也是同样的！这些话对当时的你而言也是那样的。这位神人，他的品德凌驾于宇宙，可以让万物结为一体，世上因为争功求名而纷乱，谁又肯辛辛苦苦地操劳天下的事情？这样的神人，没有什么东西可以伤害他，洪水滔天，淹没不了他，大旱时金石熔流、烧焦土地山脉也热不到他。神人扬弃的尘垢秕糠，可以造就像尧舜那样的人，他怎么肯把整治俗间事务视为要事？”

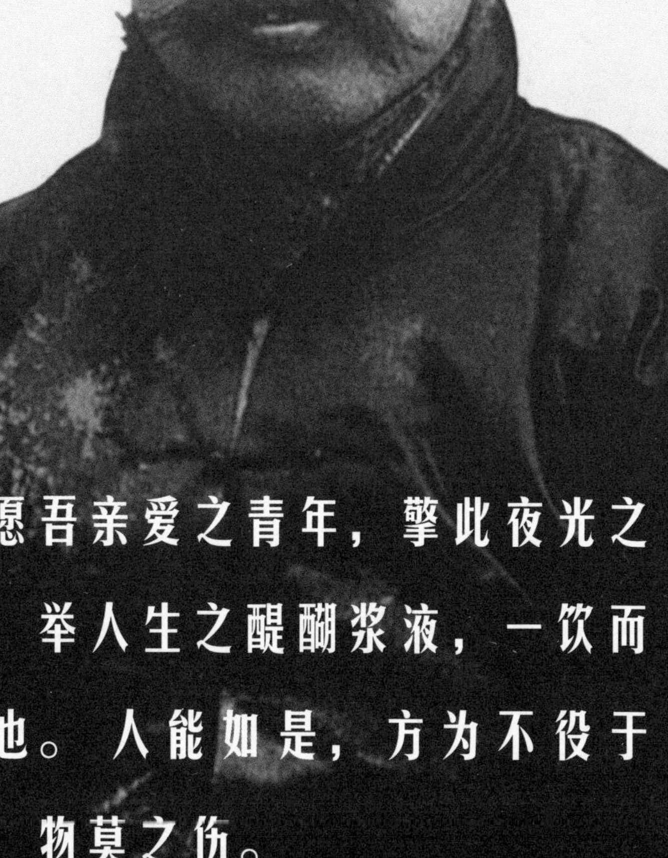

李大钊（1889—1927）

吾愿吾亲爱之青年，擎此夜光之杯，举人生之醍醐浆液，一饮而干也。人能如是，方为不役于物，物莫之伤。

有个宋国人收购了一批帽子到百越之地出售，越人的风俗是剪掉头发，文刺身体，帽子对他们毫无用处。

尧治理天下百姓，使海内政治清平，然后前往遥远的姑射山，汾水的北面拜见四位有道之人，于是茫然忘了他身居天子之位。

◎ **和解**

1. 王融《三月三日曲水诗序》："体元则大，怅望姑射之阿。然窅眇寂寥，其独适者已。"

2. 李大钊《青春》："吾愿吾亲爱之青年，擎此夜光之杯，举人生之醍醐浆液，一饮而干也。人能如是，方为不役于物，物莫之伤。大浸稽天而不溺，大旱金石流土山焦而不热，是其尘垢秕穅，将犹陶铸尧、舜。自我之青春，何能以外界之变动而改易，历史上残骸枯骨之灰，又何能塞蔽青年之聪明也哉？"

3. 有关断发文身。断发文身是越人的传统习俗，断发是为适应湿热的气候和多水的环境，文身则是在早年群婚情况下有效防止乱伦的措施。

《淮南子·原道训》："九疑之南，陆事寡而水事众，于是民人被发文身，以像鳞虫。"东汉高诱注："被，剪也。"

《礼记·王制》："东方曰夷，被发文身，有不火食者矣。"

**——惠子谓庄子曰：“魏王贻我大瓠（hù）之种，我树之成而实五石。以盛水浆，其坚不能自举也；剖之以为瓢，则瓠落无所容。非不呺（xiāo）然大也，吾为其无用而掊之。”**

**庄子曰：“夫子固拙于用大矣。宋人有善为不龟手之药者，世世以洴（píng）澼（pì）絖（kuàng）为事。客闻之，请买其方百金。聚族而谋曰：‘我世世为洴澼絖，不过数金，今一朝而鬻（yù）技百金，请与之。’客得之，以说吴王。越有难，吴王使之将。冬，与越人水战，大败越人，裂地而封之。能不龟手一也，或以封，或不免于洴澼絖，则所用之异也。今子有五石之瓠，何不虑以为大樽而浮于江湖，而忧其瓠落无所容？则夫子犹有蓬之心也夫！”**

▲语译 - 惠子告诉庄子：“魏王送给我大葫芦的种子，我播种，等到成熟以后，结出的葫芦可以容纳五石东西。但是用来盛水，它的质地脆到不能提举。切开它做成瓢，又因为大而平浅无法容纳东西。并非嫌它不够大，因为它太大而没有用，我就把它砸了。”

庄子说：“您真的不善于使用大的物件。宋国有个人善于制作防止手皴裂的药，他的家世代以漂洗丝絮为业。有个客人听说了，请求用一百金来买他的药方。这个宋国人召集全家人一起商量：‘我们家世世代代靠这种药从事漂洗丝絮不皴手，一年的收入不过数金；现在一旦卖掉这个药方就马上可得到百金，请大家答应我卖掉它。’客人得到了药方，就去游说吴王。那时正逢越国入侵，吴王就命他为将，在冬天跟越国人展开水战，因为吴人用了不皲手之药，所以大败越人。吴王就割地来封赏他。同样一个不皲手的药方，有人靠它得到封赏，有人却仅仅靠它漂洗丝絮，这是因为使用方法不同。您现在有可容五石东西的大葫芦，为什么不考虑把它系在身上作为腰舟而浮游于江湖之中，却担忧它大而无处可容纳？可见你的内心仍然像被塞了枯草一样，不通呀！”

◎ 和解

1. 大瓠即葫芦，上古时代有葫芦崇拜，古代神话中的伏羲、盘古等都与葫芦有关。可考证匏瓜是否是古代的渡河器具，例如《诗经》中有记载，有“匏有苦叶，济有深涉，深则厉，浅则揭”之语。

2.《论语·阳货》：佛肸召，子欲往。子路曰：“昔者由也闻诸夫子曰：‘亲于其身为不善者，君子不入也。’佛肸以中牟畔，子之往也，如之何？”子曰：“然。有是言也。不曰坚乎，磨而不磷；不曰白乎，涅而不缁。吾岂匏瓜也哉？焉能系而不食？”

—— **惠子谓庄子曰：“吾有大树，人谓之樗（chū）。其大本拥肿而不中绳墨，其小枝卷曲而不中规矩。立之涂，匠者不顾。今子之言，大而无用，众所同去也。”**

**庄子曰："子独不见狸狌（shēng）乎？卑身而伏，以候敖者；东西跳梁，不辟高下；中于机辟，死于罔罟（gǔ）。今夫斄（lí）牛，其大若垂天之云，此能为大矣，而不能执鼠。今子有大树，患其无用，何不树之于无何有之乡、广莫之野，彷徨乎无为其侧，逍遥乎寝卧其下？不夭斤斧，物无害者，无所可用，安所困苦哉！"**

▲ 语译 - 惠子对庄子说："我有一棵大树，人家都叫它臭椿。它巨大的树干臃肿而且有很多赘瘤，不合绳墨，它那小枝弯弯曲曲，不合规矩，它在路边矗立，木匠们都不会看它一眼。现在您说大而没有用，而大家都舍弃它不用。"

庄子说："您难道没见过野猫和黄鼠狼吗？它们屈身埋伏，等待捕捉小动物；它们东跳西跃，对高低都无所回避；一旦踏进捕兽的机关陷阱，就身死网中了。再看看牦牛，它的身躯大得就像天边的云彩。它的能力巨大，但是却连老鼠都抓不了。您现在有一棵大树，还愁它没有用处，为什么不把它种在虚无之乡、广袤空旷的原野，随意地徘徊在它的旁边，逍遥自在地睡卧在它的下面。它不会遭到斧头的砍伐，也没有什么东西会伤害它，正因为没有什么用处，又哪里还会招来困苦呢？"

◎ **和解**

1. 维特根斯坦《逻辑哲学论》："当代人止步于自然律，如止

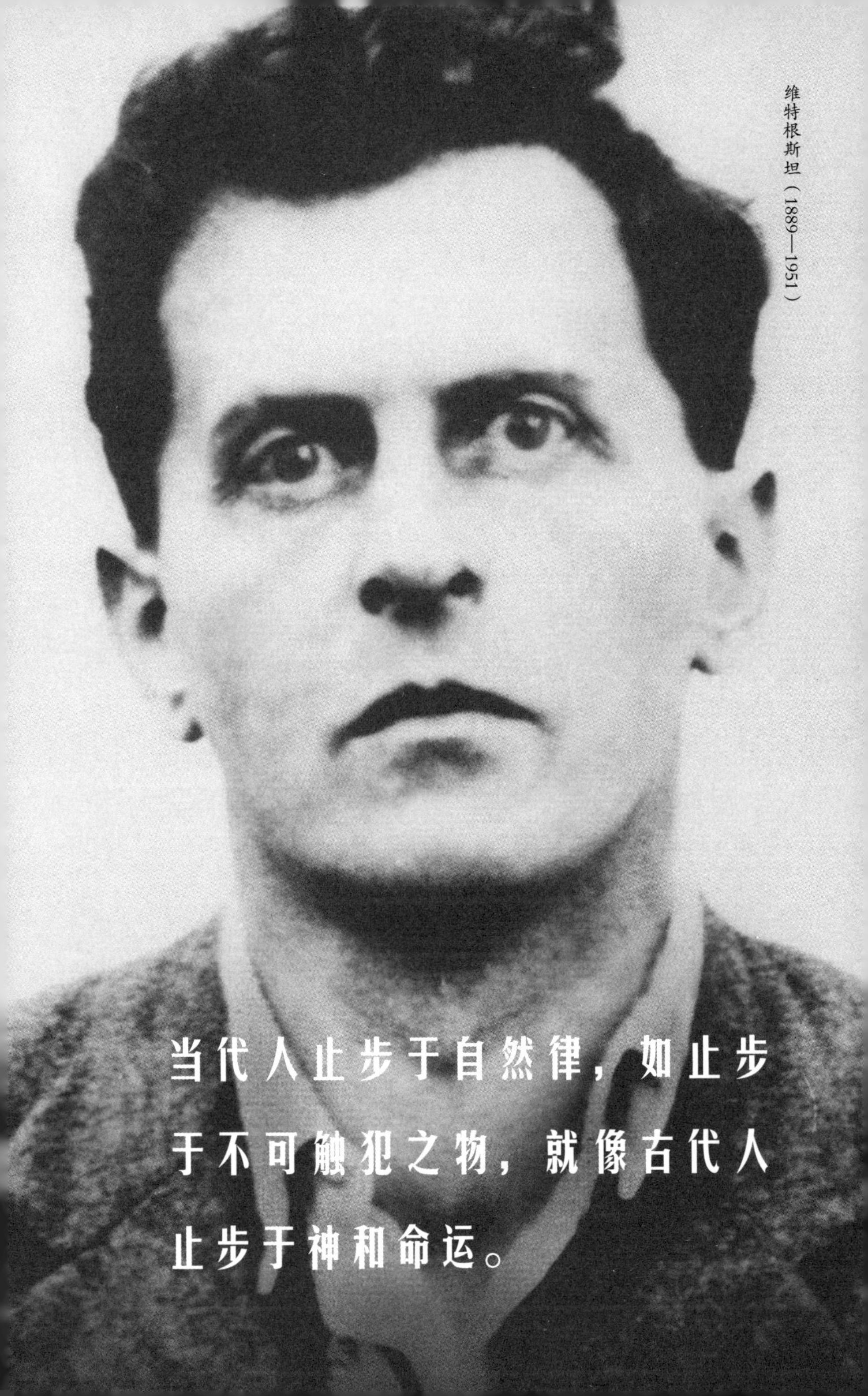

维特根斯坦（1889—1951）

当代人止步于自然律，如止步于不可触犯之物，就像古代人止步于神和命运。

步于不可触犯之物，就像古代人止步于神和命运。今人古人都又对又不对。不过近代系统让人觉得似乎一切都得到了解释，而古代承认有一个明白的限度，就此而言，古人当然更明白些。”

2. 海德格尔：“人对于无用者无需担忧。凭借其无用性，它具有了不可触犯性和坚固性。因此以有用性的标准来衡量无用者是错误的。此无用者正是通过让无物从自身制作而出，而拥有它本己的伟大和规定的力量。以此方式，无用乃是物的意义。”同时海德格尔在《艺术品本源》中特地探讨了物的“有用性”，他认为“有用性”是人类对于物的规定，仅仅是一个暂时的概念和枯燥的概念，是人对自然的粗暴干预，纯然之物和具有永恒价值的艺术品，是不需要以“有用性”来衡量的。

# 齐物论第二

——南郭子綦（qí）隐机而坐，仰天而嘘，荅（tà）焉似丧其耦。颜成子游立侍乎前，曰："何居乎？形固可使如槁木，而心固可使如死灰乎？今之隐机者，非昔之隐机者也。"

子綦曰："偃，不亦善乎，而问之也！今者吾丧我，汝知之乎？女闻人籁而未闻地籁，女闻地籁而未闻天籁夫！"

▲ 语译 - 南郭子綦靠坐在几案旁边，仰头对着天呼气，看上去，他的样子萎靡不振，就像失魂落魄一样。颜成子游侍奉在他的近前，十分关切地问："您这是怎么啦？就算身体可以看起来形如枯木，心难道也可以任由它变成死灰么？您今天的凭几而坐的样子，绝非您往日的风范。"

子綦回答："颜偃，你的这个问题不是也问得很高明么？你知道么，今天我已然进入了忘我之境。你只听说过'人籁'，却不曾知道'地籁'；就算你知道'地籁'，也绝没有听说过'天籁'呀！"

雪莱（1792—1822）

今天还微笑的花朵
明天就会枯萎
我们愿留贮的一切
诱一诱人就飞。

◎ **和解**

1. 成语“心如死灰”的出处。

2. 吴筠《高士咏·南郭子綦》：“子綦方隐几，冥寂久灰心。悟来应颜游，清义杳何深。含响尽天籁，有言同鷇音。是非不足辩，安用劳神襟。”

3. 苏轼《自题金山画像》：“心似已灰之木，身如不系之舟。”

4. 雪莱《无常》：“今天还微笑的花朵／明天就会枯萎／我们愿留贮的一切／诱一诱人就飞。”

5. 德尔斐阿波罗神庙箴言：“认识你自己。”

6. 王维《山中示弟》：“山林吾丧我，冠带尔成人。莫学嵇康懒，且安原宪贫。山阴多北户，泉水在东邻。缘合妄相有，性空无所亲。安知广成子，不是老夫身。”

7. 陈鼓应《庄子今注今译》：“‘丧我’的‘我’，指偏执的我。‘吾’，指真我。由‘丧我’而达到忘我、臻于万物一体的境界。”

—— **子游曰：“敢问其方。”**

**子綦曰：“夫大块噫气，其名为风。是唯无作，作则万窍怒呺**（háo）。**而独不闻之翏翏乎？山林之畏佳，大木百围之窍穴，似鼻，似口，似耳，似枅，似圈，似臼，似洼**

**者，似污者。激者、謞（xiāo）者、叱者、吸者、叫者、譹者、宎（yāo）者、咬者。前者唱于而随者唱喁（yú），泠风则小和，飘风则大和，厉风济则众窍为虚。而独不见之调调之刁刁乎？”**

**子游曰：“地籁则众窍是已，人籁则比竹是已，敢问天籁？”**

**子綦曰：“夫吹万不同，而使其自已也。咸其自取，怒者其谁邪？”**

▲语译 - 子游问：“那就请恕我冒昧，向您求教。”

子綦说：“那些冥冥之中的噫吁之气就是风。风不作而已，甫一发作，那些山川大地上数以万计的大小洞穴就都会争相怒号。不过你没有听到风本来的声音吧？山中的林木被风呼扇得激荡摇晃，你看那些百围大树上的大小孔洞，有像鼻子的、有像嘴巴的、有像耳朵的，有的像斗柱的方孔，有的像圈围的栅栏，有的像石臼，还有的坑坑洼洼的。从这些孔洞中发出来的声音，有如流水击湍，箭镞离弦，又仿佛有人在大声呵叱，小声呼吸，引吭高啸，号啕大哭，还有的像空谷玄音，哀婉凄切，一阵风吹来，先是听到吁吁的声音，接着又变成了喁喁的声音，前后回环往复不绝如缕，假如清风徐徐，声音就会应和得微妙，风逐渐变大则和声逐渐慷慨有力，直到迅猛的狂风突然间停下来，所有的孔洞就又凛然无声了。但是，你难道未曾看见风吹过时，万物摇曳多变的风姿么？”

子游说："地籁是风吹万窍，人籁是丝竹管弦，那天籁又是什么呢？"

子綦说："风吹万物所发出的声音各不相同，又使万物自行止声。既然万窍自行发声止声，那么谁又会是那个最终的驱动者呢？"

◎ **和解**

1. 张华《答何劭》："鸿钧陶万类，大块秉群生。"
2. 李白《春夜宴从弟桃李园序》："况阳春召我以烟景，大块假我以文章。"
3. 苏轼《文说》："吾文如万斛泉源，不择地皆可出，在平地滔滔汩汩，虽一日千里无难。及其与山石曲折，随物赋形，而不可知也。"
4. 江淹《拟孙廷尉杂述》："太素既已分，吹万著形兆。"
5.《永嘉大师证道歌》云："一月普现一切水，一切水月一月摄。"朱熹借用这种"月印万川"之说，声称："本只是一个太极，而万物各有禀受，又自各全县一太极尔。如月在天，只一而已；及散在江湖，则随处可见，不可谓月已分也。"

—— **大知闲闲，小知间间；大言炎炎，小言詹詹。其寐也魂交，其觉也形开。与接为构，日以心斗。缦者，窖者，**

**密者。小恐惴惴，大恐缦缦。其发若机栝，其司是非之谓也；其留如诅盟，其守胜之谓也；其杀若秋冬，以言其日消也；其溺之所为之，不可使复之也；其厌也如缄，以言其老洫也；近死之心，莫使复阳也。喜怒哀乐，虑叹变慹（zhí），姚佚启态，乐出虚，蒸成菌。日夜相代乎前，而莫知其所萌。已乎，已乎！旦暮得此，其所由以生乎！**

▲ 语译 - 世间之人，智慧超群的人率性淡泊豁达宽广，而只会耍小聪明的人则偏促狭隘，斤斤计较。人之言也各有不同，高谈阔论如同烈焰猛火，气势凌人，巧言令色，家长里短，言辞琐碎。我们在梦中，与神魂交流，醒来以后就觉得身疲气散。不过，世人大多内心与外界混杂，以至于每天心神不宁。有人因此疏怠迟缓，有人因此城府深沉，有人因此隐晦躲避。经历小的惧怕会惴惴不安，遭遇大的惊恐就失魂落魄。当人们说话目标明确，仿佛扣弩射箭，那就说明心中已经有了自己的是非曲直；而保留观点，默不作声，如同盟约守誓，无疑就是在坐等胜机了；人之衰败犹如同秋冬草木，说明正在日益销毁；因为沉溺于从事的各种事情之中，被外物所累，致使身心无法恢复到原有状态；心灵因受到束缚而闭塞，这样的心智就已然是衰老颓败了。内心一旦濒临死亡，就再也没有办法使之恢复生气了。喜怒哀乐本是人之常情，时忧时叹，时恋时惧，浮躁放纵，张狂作态。正如中空的箫管能吹奏出音乐，水汽蒸发能产生出朝菌一样。这种情绪和心态日夜相互更替，然而并不知道是如何萌生。算了吧，就这样好了！如果知道这些情态从哪里产生，也就知道了这些情态产生的根由了。

◎ **和解**

1. 庄子的“大”“小”是相对性的模糊概念，即只有相对于“大”，才有“小”；反之亦然。类似现代数学中的模糊数学，明确地规定了每个集合都必须由确定的元素所构成，元素对集合的隶属关系必须是明确的。对模糊性的数学处理是以将经典的集合论扩展为模糊集合论为基础的，乘积空间中的模糊子集就给出了每对元素间的模糊关系。

2.《列子·周穆王》：“觉有八征，梦有六侯。奚谓八征？一曰故，二曰为，三曰得，四曰丧，五曰哀，六曰乐，七曰生，八曰死。此者八征，形所接也。奚谓六侯？一曰正梦，二曰蘁梦，三曰思梦，四曰寤梦，五曰喜梦，六曰惧梦。此六者，神所交也。”

3. 霍布斯：人生是险恶、粗卑而短促的。

4.《庄子·列御寇》：孔子曰：“凡人心险于山川，难于知天；天犹有春秋冬夏旦暮之期，人者厚貌深情。”

——**非彼无我，非我无所取。是亦近矣，而不知其所为使。若有真宰，而特不得其眹**（zhèn）。**可行已信，而不见其形，有情而无形。**

**百骸、九窍、六藏，赅而存焉，吾谁与为亲？汝皆说之乎？其有私焉？如是皆有为臣妾乎？其臣妾不足以相治**

霍布斯（1588—1679）

人生是险恶、粗卑而短促的。

**乎？其递相为君臣乎？其有真君存焉！如求得其情与不得，无益损乎其真。**

**一受其成形，不亡以待尽。与物相刃相靡，其行尽如驰而莫之能止，不亦悲乎？终身役役而不见其成功，苶（nié）然疲役而不知其所归，可不哀邪！人谓之不死，奚益！其形化，其心与之然，可不谓大哀乎？人之生也，固若是芒乎？其我独芒，而人亦有不芒者乎？**

▲ 语译 - 如果没有那些情态就不会有内化的“我”，而假如没有“我”的存在，那些情态也就没有意义了。这样的认识也算接近于道了，却不知道这究竟是受何驱使。假如真有“真宰”存在，却又为何寻找不到它的端倪。对它的存在我们心知肚明并且深信不疑，但是却唯独看不到它的形态，仅仅知道它的确存在。

浑身的大小骨节、眼鼻耳口等九窍、心肺肝肾等六脏，都齐备地存在于身体上，它们中哪个与我最为亲近？对它们，你是否都同样喜欢？还是有格外的偏爱呢？这样看来，它们似乎只能拥有臣妾的从属地位。难道作为仆属的臣妾就不可以相互支配么？还是它们轮流着相互做君臣？难道真的有“真君”存在于形体中么？不管是否能寻求到它的根本，都是不会对它的本质造成什么损益的。

人一旦秉承形体心性，就无法逃避遗弃，而只能以待天年。人之形性与外物相逆相顺，而在死亡的道路上也都在尽力驰骋，没有什么力量可以让它停止，这难道不够悲哀吗！终生为各种事情而劳役，却未必能有成就，疲惫顿疲最终也不知自己乡归何处，这难道不值得哀怨吗！已然这样却还没有死去，何益之有！人的形骸衰竭消失，精神情感也随之衰竭殆尽，难道这还不是最大的悲哀吗？我在想，人的一生，是本应就这样迷茫混沌的么？还是只有我自己才这样迷茫，抑或茫茫人海之中还有谁对人生不曾迷茫么？

◎ **和解**

1. 杜甫《遣兴》："性命苟不存，英雄徒自强。吞声勿复道，真宰意茫茫。"
2. 刘勰《文心雕龙 · 情采》："故有志深轩冕，而泛咏皋壤，心缠几务，而虚述人外：真宰弗存，翩其反矣。"
3. 中医认为："心为君主之官，肺为相傅之官，肾为作强之官，肝为将军之官以及脾为谏议之官。"
4. 康德："人是大自然的立法者。"意指人是命名者。
5. 加缪认为人的命运和苦难都不是对人的惩罚，只要竭尽全力地去穷尽生命就会得到幸福，同时也是对荒谬的反抗。对待荒谬或者认真地继续，或者选择自杀。因而在庄子看来"终身役役而不见其成功，苶然疲役而不知其所归"的西西弗，反而是个幸福的具有抗争精神的英雄。
6. 王羲之《兰亭集序》："夫人之相与，俯仰一世，或取诸怀抱，悟言一室之内；或因寄所托，放浪形骸之外。虽趣舍万殊，静躁不同，当其欣于所遇，暂得于己，快然自足，曾不知老之将至。及其所之既倦，情随事迁，感慨系之矣。向之所欣，俯仰之间，已为陈迹，犹不能不以之兴怀。况修短随化，终期于尽。古人云：'死生亦大矣。'岂不痛哉！"

7.《老子》："有无相生，难易相成，长短相形，高下相盈，音声相和，前后相随。"

8. 斯宾诺莎："所有的否定都包含了肯定。"

9. 海德格尔《形而上学导论》："究竟为什么在者在而无反倒不在？"

—— **夫随其成心而师之，谁独且无师乎？奚必知代而心自取者有之？愚者与有焉！未成乎心而有是非，是今日适越而昔至也。是以无有为有。无有为有，虽有神禹且不能知，吾独且奈何哉！**

▲ 语译 - 如果用自己的已有成见作为判断事物的标准，那么谁会没有那样的标准呢？又何必非要通晓事物更替变化之理的聪明人才有标准呢？愚昧的人同样也有自己的判断标准。如果还没有在思想上形成自己的见解就号称已经明辨了是是非非，这好比今天出发去越国而昨天就已经到达了。这就是把"没有"当作"有"。就算神明的大禹都无法解开把没有当作有的奥妙，以我

的才能又能有什么建树呢?

◎ 和解

1. 柏拉图认为，个体事物处在实在与非实在之间；黑格尔则宣称，无与纯有是同一的东西、有是纯粹的无规定性和空。而芝诺的观点则是，有就是有，无就是无。无是有，有是无。无作为“无”是有，有作为“无”是无。

2.《老子》：“天下万物生于有，有生于无。”佛家则有“真空妙有”之旨，真空不碍妙有，妙有不碍真空。

**—— 夫言非吹也。言者有言，其所言者特未定也。果有言邪？其未尝有言邪？其以为异于鷇（kòu）音，亦有辩乎？其无辩乎？**

**道恶乎隐而有真伪？言恶乎隐而有是非？道恶乎往而不存？言恶乎存而不可？道隐于小成，言隐于荣华，故有儒墨之是非，以是其所非而非其所是。欲是其所非而非其所是，则莫若以明。**

▲ 语译 - 言论并非如同风吹动洞穴发出声音那样自然。说话之人可以发表见解，但是他们的所言也并非定论。他们真的有自己的言论么？还是根本就没有自己的言论？每个人都认为自己所说的话与雏鸟叽叽喳喳的叫声相去甚远，两者之间又真的存在区别

么？或者根本就没什么区别？

大道为何隐匿而使世间出现了真伪？言论又是如何隐匿而使世间出现了是非？大道无处不在，为什么会往而不存呢？言论是无处不可的，又为什么失去了效力呢？大道的光芒会被一孔之见所遮蔽，言论的真伪能为辞藻浮华所掩盖。所以儒家和墨家才会去规定是非曲直的标准，从而去肯定对方所否定的东西，或者否定被对方所肯定的东西。如果以对方所非为是，以对方所是为非，还不如用空明之心辨识事物本来的样子。

◎ **和解**

1.《周易·系辞上》："书不尽言，言不尽意。"形式上的言语对思维深度和世界深度有不可到达之处，所以表达性质的"言"仅仅是辅助理解"道"的工具。维特根斯坦："我们的语言是完备的么？"

2. 海德格尔认为探讨语言意味着：恰恰不是把语言，而是把我们，带到语言之本质的位置那里，也即：聚集入居有事件之中。"道"在他的哲学体系中也被称为"语言之语言"，而"道"之所以称为本质的原因正是"语言说话"，即"道"的自行显现。

3. 王弼《周易略例·明象》："夫象者，出意者也。言者，明象者也。尽意莫若象，尽象莫若言。""是故存言者，非得象者也；存象者，非得意者也。象生于意而存象焉，则所存者乃非其象也。言生于象而存言焉，则所存者乃非其言也。”

—— **物无非彼，物无非是。自彼则不见，自是则知之。故曰：彼出于是，是亦因彼。彼是方生之说也。虽然，方生方死，方死方生；方可方不可，方不可方可；因是因非，因非因是。是以圣人不由而照之于天，亦因是也。是亦彼也，彼亦是也。彼亦一是非，此亦一是非，果且有彼是乎哉？果且无彼是乎哉？彼是莫得其偶，谓之道枢。枢始得其环中，以应无穷。是亦一无穷，非亦一无穷也。故曰：莫若以明。**

▲ 语译 - 所有的事物本来不存在什么“彼”的概念，也同样没有“此”的概念。从彼端看此端可能不太明朗，而站在自己的角度上观察自己就会清楚明了。所以说：彼端总是因为此端才生成，而此端同样因彼端而存在，彼此两方面本是相依而存。即便如此，有出生就会有死亡，死亡同样预示着即将会有新生；刚认为可以时，不可以的念头就萌生了，刚认为不可以时可以的念头就萌生了；对一方的肯定就是对另一方的否定，而反之亦然；世上因为有了是所以就有了非，也正因有非，才有是存在的意义。所以圣明之人不会划分对错或者制定标准，而是用天道去观照事物本来的样子，顺应事物的自然本性。所以，此就是彼，彼也就是此。事物的此端之中包含着是与非，彼端之中也同样包含着是与非，难道真的有划分彼此的可能么？难道世上并不存在所谓的彼

此对立么？如果超脱了彼与此、是与非的对立关系，就是掌握了大道变化的枢纽了。只要抓住了这个枢纽也就是抓住了事物循环往复的要义，就可以顺应大自然的千变万化了。同样，是非中也各自存在着无穷的变化。所以，才有必要以空明之心去试着辨识事物的本来面目。

◎ **和解**

德国现象学家克劳斯·黑尔德把物的解蔽称为“显现”，意指“从某个未被照亮的背景中显露出来”，海德格尔把这个概念称为“澄明”，带有了物自行解蔽的意思，认为可以“向某个世界敞开”，这就接近了庄子所谓的“以明”。

—— **以指喻指之非指，不若以非指喻指之非指也；以马喻马之非马，不若以非马喻马之非马也。天地一指也，万物一马也。**

▲ 语译 - 用手指来证明手指不是手指，不如用非手指来证明手指不是手指；用白马来说明白马不是马，不如用非白马来说明白马不是马。因此，天地的道理不过像一根手指那么简单，万物的机理也不过如一匹马那样清楚明了。

◎ **和解**

“指”与“马”这两个词分别暗示了公孙龙的《指物论》和

《白马论》。公孙龙是与庄子同时代的人，战国末年赵国人，能言善辩，曾做过平原君的门客，是战国时期名家“离坚白”学派的代表人物。所著《公孙龙子》主要是从逻辑学上强调了“概念”的独立性。庄子在这里引入“指物”与“白马”，表明能衡量万事万物的标准其实正是没有标准，“命名”和“分类”等行为都是对“万物自取”的粗暴干预。

—— **可乎可，不可乎不可。道行之而成，物谓之而然。恶乎然？然于然。恶乎不然？不然于不然。恶乎可？可于可。恶乎不可？不可于不可。物固有所然，物固有所可。无物不然，无物不可。故为是举莛与楹，厉与西施，恢恑憰怪，道通为一。**

▲ 语译 - 可行就是可行，不可行就是不可行。世间本无路，走的人多了就成了路，万物也本都无名，称呼的人多了也就有了名字。如何肯定万物之名？就是肯定其名的相对意义。如何不肯定万物之名？就是不肯定其名的绝对意义。如何认可万物之实？就是认可其相对的价值。如何不认可万物之实？就是不认可其实的绝对价值。万物之名固有其相对意义，万物之实固有其相对价值。没有一物之名没有相对意义，没有一物之实没有相对价值。所以草芥之于庭柱，丑八怪之于西施，宽大、奇变、诡诈、怪异等五花八门、千奇百怪的事物，在大道中都是一样的。

◎ **和解**

1.《老子》:“道可道，非常道。名可名，非常名。”

2. 荷尔德林《回忆》:“有件事坚定不移 / 无论是在正午还是夜到夜半 / 永远有一个尺度适用众生。”

3. 古希腊怀疑派哲学家皮浪（Pyrrhon）认为，根据感觉和理性得来的知识都不可靠，要认识客观世界是不可能的，甚至客观世界是否存在也是令人可疑。人应当毫不动摇地坚持不发表任何意见，不作任何判断，对任何事情都说，它既不是不存在，也不是存在。他主张对任何事情都要无动于衷，以免引起无谓的争论和烦恼，这样才能得到灵魂的安宁。据第欧根尼说，皮浪曾经在船上遇着风暴，同船人都很害怕，他却指着船上仍在安静地吃东西的猪说:“聪明人应该像这头猪一样毫不动心。”

——**其分也，成也；其成也，毁也。凡物无成与毁，复通为一。唯达者知通为一，为是不用而寓诸庸。庸也者，用也；用也者，通也；通也者，得也。适得而几矣。因是已。已而不知其然，谓之道。劳神明为一，而不知其同也，谓之“朝三”。何谓“朝三”？狙公赋芧，曰:“朝三而暮四。”众狙皆怒。曰:“然则朝四而暮三。”众狙皆悦。名实未亏，而喜怒为用，亦因是也。是以圣人和之以是**

**非，而休乎天钧，是之谓两行。**

▲ 语译 - 事物的分解，是相对与形成而言的；事物的整合，是相对于毁灭而言的。大凡事物其实本没有形成与毁灭这诸多名目，本质上是同一的。然而只有明达的人才知道事物本真相通而浑一的道理，这是因为他们没有自以为是地对事物加以解释，而是把自己的观点寄寓于诸多的现象之中。世人所谓的平庸就是有无用之用；能看到事物的无用之用，就是通达；只有通达，才能参透天地大道而有所得。有所得以后就可以穷尽世间的根本道理了。于是，经历了这样的思考过程，就会对事物浑然为一的道理了然于胸，就能适得其所而知止。知止以后承认不知绝对之然，称之为“道”。耗费心思才认识到了事物原本就是浑然为一的，却忽略了事物在未经我们思考之前其实就是同一的，可以称这个为“朝三”。那“朝三”又是什么呢？养猴人给猴子们分橡果，告诉它们：“早上分三升，晚上分四升。”猴子们听了就十分愤怒。于是养猴人连忙改口：“那早上四升晚上三升好了。”这样，所有的猴子都很高兴。这样的结果，在名实上都没有什么改变，但是猴子的态度却由怒变喜，这里不过是顺从猴子们的主观感受罢了。因此，圣人不执着于是非，而依顺自然均衡，这就是物我并行，各得其所。

◎ **和解**

刘基《郁离子·术使》：“楚有养狙以为生者，楚人谓之狙公。旦日，必部分众狙于庭，使老狙率以之山中，求草木之实，赋什一以自奉。或不给，则加鞭焉。群狙皆畏苦之，弗敢违也。一日，有小狙谓众狙曰：'山之果公所树与？'曰：'否也，天生也。'曰：'非公不得而取与？'曰：'否也，皆得而取也。'曰：'然则吾何假于彼，而为之役乎？'言未既，众狙皆悟。其夕，相与伺狙公之寝，破栅毁柙。取其积，相携而入于林中，不复归。狙公卒馁而死。郁离子曰：世有以术使民而无道揆者，其如狙公乎？惟其昏而未觉也；一理有开之，其术穷矣。"

——**古之人，其知有所至矣。恶乎至？有以为未始有物者，至矣，尽矣，不可以加矣！其次以为有物矣，而未始有封也。其次以为有封焉，而未始有是非也。是非之彰也，道之所以亏也。道之所以亏，爱之所以成。果且有成与亏乎哉？果且无成与亏乎哉？有成与亏，故昭氏之鼓琴也；无成与亏，故昭氏之不鼓琴也。昭文之鼓琴也，师旷之枝策也，惠子之据梧也，三子之知几乎皆其盛者也，故载之末年。唯其好之也以异于彼，其好之也欲以明之。彼非所明而明之，故以坚白之昧终。而其子又以文之纶终，终身无成。若是而可谓成乎，虽我亦成也；若是而不可谓成乎，物与我无成也。是故滑疑之耀，圣人之所图也。为是不用而寓诸庸，此之谓"以明"。**

屈原（前340—前278）

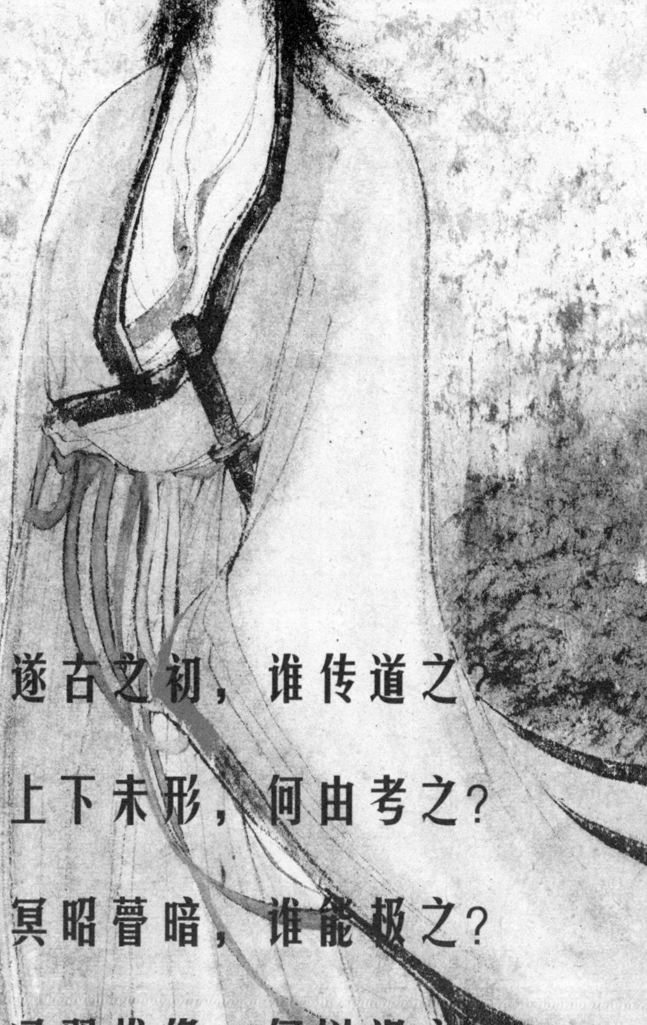

▲ 语译 - 古人的智慧已经登峰造极了。他们又是如何做到极致的呢？只要是认识到宇宙天地间从来就未曾有物存在的人，就已经到达了至境，并且是穷尽到无以复加的至境。在认识上差一等的人觉得物是存在的，但是万事万物却从来没有什么界限来加以区分。再次一等的人，觉得万事万物虽有所区别，但却不曾有过是非对错的评价。划定是非就是天地大道出现损缺的原因。正因为大道的损缺，偏私好恶也随之形成了。天下事物果真有形成与损缺么？还是不曾有过形成与损缺？正因有形成与损缺的存在，昭文才能弹琴奏乐；而一旦形成与损缺没有了，昭文也就无法再弹琴奏乐了。昭文善于弹琴，师旷长于持柱击鼓，而惠施喜欢背靠梧桐高谈阔论，这三位先生的技艺都可说已然登峰造极，因而在晚年才得以收获声誉。他们所爱好的学问与技艺不同于众人，正因为他们热衷于自己的学问和技艺，于是就总想能有所表现教诲他人。但是将他们的学识观点彰明于世的人却并非明白他们的精义，所以惠施的学说因“坚白论”这种愚见而终结。昭文的儿子虽然子承父业，却终生了无成就。倘若这些人都可以被称为成功的话，那么就算我这样一事无成就也可说是成功了；但是假如这些人都不能算作成功的话，那么我或者别的什么就都没办法算作成功。所以说，各种用迷乱人心的炫辞巧言炫耀于世的行为，都是圣人所鄙夷摒弃的。因此无用之用都寄托于诸多有用之中，这正是所谓的使用空明之心以求得本真。

◎ **和解**

1. 屈原《天问》：“遂古之初，谁传道之？上下未形，何由考之？冥昭瞢暗，谁能极之？冯翼惟像，何以识之？”

2.《艺文类聚》卷一引《三五历纪》：“天地浑沌如鸡子，盘古生其中。”现代物理学认为，宇宙从宇宙大爆炸中产生，本源是无。

3. 名家内部又分为“合同异”和“离坚白”两种主要的观点。“合同异”派以惠施为代表，他认为“至大无外，谓之大一；至小无内，谓之小一”，其思想中带有归纳法的成分，这与庄子的“齐物”在本质上相同，但容易陷入到绝对统一的误区中去。

—— **今且有言于此，不知其与是类乎？其与是不类乎？类与不类，相与为类，则与彼无以异矣。虽然，请尝言之。有始也者，有未始有始也者，有未始有夫未始有始也者。有有也者，有无也者，有未始有无也者，有未始有夫未始有无也者。俄而有无矣，而未知有无之果孰有孰无也。今我则已有谓矣，而未知吾所谓之其果有谓乎？其果无谓乎？**

▲ 语译 - 现在我暂且把话说到这，不知道这番话跟其他人的谈论是相同，还是有所不同呢？无论同还是不同，既然都是有所言论，那么从这个意义上说，跟别人也就没有什么不同了。虽然话是这样说，我还是想试着探讨一下这个问题。如果有“开始”

这个东西，那么就一定有未曾开始的开始，还有未曾开始的未曾开始的开始；假如真的有“有”，也真的有“无”，就一定有个“无”存在之前的“无”，也就一定有个什么东西先于在“无”存在前的“无”之前存在着。突然间出现了“有”和“无”，却不知道“有”和“无”谁才是真正的“有”、谁才是真正的“无”。如今我表达出了这番言论，却并不知道我所说的言论是真的有言论呢？还是言语中根本就是毫无所指呢？

◎ **和解**

1.《老子》:“无，名天地之始；有，名万物之母；故常无，欲以观其妙；常有，欲以观其徼。此两者，同出而异名，同谓之玄。玄之又玄，众妙之门。”

2. 在神学上，这个起源学问题，即“神创造世界之前是怎样的”，曾经让很多神学家冥思苦想，不得其解。后来，奥古斯丁对此作出的解释是：上帝是世界的起点，也是终点。换言之，是上帝创造了时间，因此问上帝“之前”的事情，本身就是自相矛盾的。

—— **天下莫大于秋毫之末，而大山为小；莫寿于殇子，而彭祖为夭。天地与我并生，而万物与我为一。既已为一矣，且得有言乎？既已谓之一矣，且得无言乎？一与言为二，二与一为三。自此以往，巧历不能得，而况其凡乎！**

威廉·克莱克（1757—1827）

一花一世界，一沙一天国。

君掌盛无边，刹那含永劫。

**故自无适有，以至于三，而况自有适有乎！无适焉，因是已！**

▲ 语译 - 如果天底下没有什么东西比秋毫的末端更大，那么泰山就变小了；如果世上没有什么人比早夭的孩子更长寿，那么彭祖也就变成短命鬼了。天地与我一同出生，万物与我结成一体。既然已经浑然为一体，我还能有什么言论去评价别的事物呢？但是既然已经成为一体了，又怎么能毫无看法呢？万物原本的浑然一体与言论就形成了两重，现有的两重再加上原有的浑然一体就变成了三重。以此类推的话，无论如何精于数算的人都不可能求得最后的答案，更何况大家都是凡夫俗子！这种从无到有，再到“三”的推演，又该怎样对待从“有”到“有”的推演呢？所以没有继续推演下去的必要了，还是顺应自然吧。

◎ **和解**

1. 威廉·克莱克：“一花一世界，一沙一天国。君掌盛无边，刹那含永劫。”

2. 苏轼《赤壁赋》：客亦知夫水与月乎？逝者如斯，而未尝往也；盈虚者如彼，而卒莫消长也。盖将自其变者而观之，则天地曾不能以一瞬；自其不变者而观之，则物与我皆无尽也，而又何羡乎？

3.《老子》：“昔之得一者，天得一以清，地得一以宁，神得一以灵，谷得一以盈，万物得一以生，侯王得一以为天下贞。”

4. 王阳明：“盖天地万物与人原是一体，其发窍之最精处，是人心一点灵明。”

—— **夫道未始有封，言未始有常，为是而有畛也。请言其畛（zhěn）。有左有右，有伦有义，有分有辩，有竞有争，此之谓八德。六合之外，圣人存而不论；六合之内，圣人论而不议；春秋经世先王之志，圣人议而不辩。**

▲ 语译 - 所谓大道真理从来不曾有限度，言论也不曾有规则，只因为一个“是”字才划分出这与那的界线。让我来谈谈那些界线好了。有左有右、有伦序有等差、有分别有辩论、有竞比有争持，这就是界限的八种功用。对于六合之外的事，圣人都是保留意见不加议论；而对六合之内的事，圣人即使有所谈论但也不会随意评说；《春秋》里记录了先代君王们的言行，圣人有所评说但是不会去争论。

◎ **和解**

1. 里尔克《黑暗啊，我的本原》：“黑暗啊，我的本原，/ 我爱你胜过爱火焰，/ 火焰在一个圈子里发光，/ 遂将世界框限，出了圈外 / 谁还知道火焰。// 唯黑暗包集万有：/ 物件、火、牲畜和我，/ 以至一切的一切，/ 人类和威权。好像有一种

伟大的力 / 正在我身旁滋生，繁衍。// 我信仰黑暗。”

2. “六合之外，圣人存而不论”的态度，也许正造就了中国人独特的宇宙观和终极关怀。冯友兰在《中国哲学简史》中说：“哲学在中国文化中所占的地位，历来可以与宗教在其他文化中的地位相比……对超乎现世的追求是人类先天的欲望，中国人并不是这条规律的例外。他们不大关心宗教，是因为他们极其关心哲学。他们不是宗教的，因为他们都是哲学的。他们在哲学里满足了他们对超乎现世的追求。他们也在哲学里表达了、欣赏了超道德价值，而按照哲学去生活，也就体验了这些超道德价值。”

—— **故分也者，有不分也；辩也者，有不辩也。曰：何也？圣人怀之，众人辩之以相示也。故曰：辩也者，有不见也。**

**夫大道不称，大辩不言，大仁不仁，大廉不嗛（qiān），大勇不忮（zhì）。道昭而不道，言辩而不及，仁常而不成，廉清而不信，勇忮而不成。五者无弃而几向方矣！故知止其所不知，至矣。孰知不言之辩，不道之道？若有能知，此之谓天府。注焉而不满，酌焉而不竭，而不知其所由来，此之谓葆光。**

▲ 语译 - 因而我们知道，有“分别”是因为“没分别”的存在，

"可争辩"是相对于"不可辩驳"而言的。这是为什么呢？这是因为圣人的胸怀有容乃大，可以装得下是是非非，而普通人争辩得没完没了不过为了相互炫耀。所以说，相互争辩的人，都是因为眼界的限制看得不够全面罢了。谁都无法为天地间的大道给出称谓，最高超的辩辞也并不依赖言论，大仁之心恰恰是不对外展示仁爱，大廉之行更不必表现出礼让恭谦，而大勇之人也从来不会强行违逆他人的意愿。大道如果完全彰显出来就不可称其为大道了，同样言辞相辩就总会有表达不周之处，仁爱之心常常表露在外未免显得做作而不可称为仁爱，廉洁清白到了极点反而让人不敢相信，勇敢到了随意强行违逆别人意志也绝非真正的勇敢。这五者不疏忽就差不多近于道了！于是，懂得在自己智慧的极限之前停下来的人，就是最明智的。谁又能通晓不依靠言辞的辩驳、不用言说的道理呢？如果谁能懂得这些，就是所谓合于自然之府库了。无论注入多少东西都不会满盈，无论取出多少东西也不会枯竭，甚至也不用知道这些东西从何而来，所谓的藏而不露的光明指的就是这个。

◎ **和解**

1. 陶潜《饮酒·其五》："此中有真意，欲辨已忘言。"

2.《周易·系辞》："将叛者其辞惭，中心疑者其辞枝，吉人之辞寡，躁人之辞多，诬善之人其辞游，失其守者其辞屈。"

3.《老子》："天长地久。天地所以能长且久者，以其不自生，故能长生。是以圣人后其身而身先；外其身而身存。非以其无私邪？故能成其私。”又云：“上德若谷；广德若不足；建德若偷；质真若渝；大白若辱；大方无隅；大器晚成；大音希声；大象无形；道隐无名。”

—— **故昔者尧问于舜曰：“我欲伐宗、脍、胥敖，南面而不释然。其故何也？”**

**舜曰：“夫三子者，犹存乎蓬艾之间。若不释然，何哉？昔者十日并出，万物皆照，而况德之进乎日者乎！”**

▲ 语译 - 所以从前尧曾跟舜说：“我打算征伐宗、脍、胥敖这三个小国，但是每当上朝理事总是心绪不宁。这是为什么呢？”

舜回答：“那三个小国的国君，犹如生于蓬蒿艾草之中。您又为何会耿耿于怀心神不宁呢？过去十个太阳一块儿出来，万物都在阳光的普照之下，更何况您的德行远远超过了太阳呢！”

◎ **和解**

在南非的民主化进程中，图图主教做出了很重要的贡献。在《没有宽恕就没有未来》这本书中，他阐述了这样一个观点：当你身为弱者受到伤害之时，如果你决定在自己成为强者之后宽恕这个伤害者，这时才是真正的宽恕。南非的民主化进程，正有赖于曼德拉等人所体现的这种伟大的宽恕精神。

——啮(niè)缺问乎王倪曰："子知物之所同是乎？"

曰："吾恶乎知之！"

"子知子之所不知邪？"

曰："吾恶乎知之！"

"然则物无知邪？"

曰："吾恶乎知之！虽然，尝试言之：庸讵(jù)知吾所谓知之非不知邪？庸讵知吾所谓不知之非知邪？且吾尝试问乎女：民湿寝则腰疾偏死，鳅然乎哉？木处则惴慄恂(xún)惧，猨猴然乎哉？三者孰知正处？民食刍(chú)豢(huàn)，麋鹿食荐，蝍(jí)蛆(jū)甘带，鸱(chī)鸦耆鼠，四者孰知正味？猿猵狙以为雌，麋与鹿交，鳅与鱼游。毛嫱丽姬，人之所美也；鱼见之深入，鸟见之高飞，麋鹿见之决骤，四者孰知天下之正色哉？自我观之，仁义之端，是非之涂，樊然淆乱，吾恶能知其辩！"

啮缺曰："子不知利害，则至人固不知利害乎？"

王倪曰："至人神矣！大泽焚而不能热，河汉沍而不能寒，疾雷破山、飘风振海而不能惊。若然者，乘云气，骑日月，而游乎四海之外，死生无变于己，而况利害之端乎！"

▲ 语译 - 啮缺问王倪说："您可知道万物间的共同之处？"

王倪回答说："我哪里知道呀！"

啮缺接着又问："您知道您所不知道的原因么？"

王倪又回答说："这个我就更没办法知道了！"

啮缺于是又问道："如果是这样，是不是所有的东西就都无法认知了呢？"

王倪回答道："我怎么能知道！就算是我无法知道，那我还是试着来回答一下你的问题好了：你如何确定我所说的知道不是不知道呢？你又怎么知晓我所说的不知道不是知道呢？所以我还是先来问问你：人们在潮湿的地方睡觉会得腰病甚至半身不遂，请问泥鳅也会这样么？如果人在高树上居住一定会心惊胆战、惶恐不安，请问猿猴也会这样吗？人、泥鳅、猿猴三者究竟谁最明白怎样居住最舒服呢？人们吃牲畜，麋鹿吃草，蜈蚣喜欢吃小蛇，猫头鹰和乌鸦则嗜吃老鼠，人、麋鹿、蜈蚣、猫头鹰和乌鸦这四类动物究竟哪一个才真正懂得美食呢？猴子把猵狙当成配偶，麋子跟鹿交配，泥鳅则喜欢与鱼儿交尾同游。毛嫱和丽姬的美貌为世人所称道；但是鱼儿看到她们会吓得潜入水底，鸟儿见到她们马上会高飞入云，而麋鹿看到她们同样也会撒开四蹄飞快地跑掉。人、鱼、鸟和麋鹿四者究竟哪一个懂得天下何为美呢？从我的角度来看，仁义的发端，是非的途径，都纷繁复杂，我哪里知道该如何辨别！"

啮缺说："您不了解利与害，那所谓的至人难道也不了解世间的利与害了么？"

王倪回答说："至人物我两忘，他们的精神思想深不可测！

就算煮沸深渊大泽也热不到他们，冰封河汉更不能冷到他们，甚至迅雷劈山破岩、狂风翻江倒海都不能使他们感到一丝震惊。如果达到了这种境界，就可以乘坐着云气，驾驭着日月，在四海之外任意遨游，死生对他们而言都完全算不了什么，更何况利与害这种微不足道的事情呢！”

◎ **和解**

古希腊哲学家第欧根尼十分愤世嫉俗，曾经在白天提着灯笼游走于城中，说：“我在找一个真正诚实的人。”他认为希腊城邦黑白颠倒，因此，普通人眼中的白天在他眼中就如同黑夜，人也不成其为人。

—— **瞿鹊子问乎长梧子曰：“吾闻诸夫子，圣人不从事于务，不就利，不违害，不喜求，不缘道，无谓有谓，有谓无谓，而游乎尘垢之外。夫子以为孟浪之言，而我以为妙道之行也。吾子以为奚若？”**

▲ 语译 - 瞿鹊子向长梧子请教：“我在孔夫子那里听过这样的说法，圣人不把处理事端当作自己的职务，不趋利避害，不刻意追求，更不攀附大道，什么都不说却好像说了些什么，说了些什么又好像什么都没说，于是就可以遨游于世俗的烟尘泥垢之外了。但孔夫子认为这些都是轻率孟浪之言，但在我看来却含有精妙的大道。先生您又是如何看待的？”

◎ **和解**

1. 无言即言。苏东坡诗偈："溪声便是广长舌，山色岂非清净身。夜来八万四千偈，他日如何举似人。"

2. 尼采《希腊悲剧时代的哲学》："然而，不管哲学家怎样应该故意含糊其辞（人们惯于这样责备赫拉克里特），如果他没有理由隐瞒其思想，或者不是顽劣得要用文字来掩盖他思想贫乏，这就完全解释不通了……大体而论，如果一切伟大的事务—对于少数心智有意义的事物—仅仅被简练地并（因而）晦涩地表达出来，使得空虚的头脑宁肯把它解释为胡言乱语，而不是翻译为他们自己的浅薄思想，那么这就对了。因为，俗人的头脑有一种可恶的技能，就是在最深刻丰富的格言中，除了他们自己的日常俗见之外，便一无所见。"

—— **长梧子曰："是黄帝之所听荧也，而丘也何足以知之！且女亦大早计，见卵而求时夜，见弹而求鸮炙。予尝为女妄言之，女以妄听之。奚旁日月，挟宇宙，为其吻合，置其滑涽，以隶相尊？众人役役，圣人愚芚**（chūn）**，参万岁而一成纯。万物尽然，而以是相蕴。予恶乎知说生之非惑邪！予恶乎知恶死之非弱丧而不知归者邪！**

**"丽之姬，艾封人之子也。晋国之始得之也，涕泣沾**

**襟。及其至于王所，与王同筐床，食刍豢，而后悔其泣也。予恶乎知夫死者不悔其始之蕲生乎？梦饮酒者，旦而哭泣；梦哭泣者，旦而田猎。方其梦也，不知其梦也。梦之中又占其梦焉，觉而后知其梦也。且有大觉而后知此其大梦也。而愚者自以为觉，窃窃然知之。君乎！牧乎！固哉丘也！与女皆梦也！予谓女梦，亦梦也。是其言也，其名为吊诡。万世之后，而一遇大圣，知其解者，是旦暮遇之也。**

**“既使我与若辩矣，若胜我，我不若胜，若果是也，我果非也邪？我胜若，若不吾胜，我果是也，而果非也邪？其或是也，其或非也邪？其俱是也，其俱非也邪？我与若不能相知也，则人固受其黮（tàn）暗，吾谁使正之？使同乎若者正之，既与若同矣，恶能正之？使同乎我者正之，既同乎我矣，恶能正之？使异乎我与若者正之，既异乎我与若矣，恶能正之？使同乎我与若者正之，既同乎我与若矣，恶能正之？然则我与若与人俱不能相知也，而待彼也邪？”**

▲ 语译 - 长梧子回答说：“这些话就算黄帝听了都会疑惑不解，孔丘又如何能知道！而你也操之过急，好比才看到鸡蛋就立即想得到报晓的公鸡，刚见到弹珠就马上想吃烤鸮鸟了。我姑且胡乱跟你一说，你呢，也就一样跟着胡乱一听。何不依傍日月，挟挎宇宙，与万物合成为一体，不管世事混乱纷争，无论贵贱尊卑，

一律平等。凡人总是庸庸碌碌，圣人看似愚昧无知，但是却参透纯然的大道，千万年来其实始终未曾变化。万物皆然，天地宇宙也正因此才积累沉淀出今日的模样。我怎知贪生不是迷局？我又怎知厌死不是少小离乡而年老还不愿回去？

“丽姬本是艾地封疆守土之人的女儿。晋国征伐丽戎时被俘获，一开始她还哭得像个泪人一样。等她到了晋国，住进王宫，与晋侯同床共枕，吃上美味珍馐，就后悔当初不该哭得那么伤心。我又怎会知道那些已死之人不会后悔当初的降生呢？人在梦里饮酒作乐，天亮以后可能还会遇到祸事痛哭流涕；而人在梦中痛哭饮泣，醒来以后又可能欢快地去围猎。梦中之人并不知道自己在做梦，而在梦里还会去占卜梦中之梦的吉凶，醒来之后才知道自己在做梦。而最大的那个梦醒时，人们才知道一切不过只是一场大梦，愚昧之人自以为清醒，好像事无巨细都心中有数。君尊民卑的看法未免太过冥顽！孔丘与你都在做梦，我说你们在做梦，其实我何尝不是在做梦。刚才我说的这些话，就权当是奇谈怪论吧。假如万世之后能有位大圣人悟出来这番道理，恐怕也是不经意碰上的吧！

“倘若你我辩论，你赢了，我输了，你就真对，我就真错么？同样，我赢了，你输了，我就真对，你就真错么？我们俩真的就是一个对一个错么？还是咱们俩都是对的，或者都错呢？到底是怎么回事，你我都没办法知道。世人本来就被蒙昧晦暗所遮蔽，我们该让谁去匡正？让跟你持同样观点的人来判定吗？既然看法与你相同，何谈公正！让跟我持相同观点的人来判定吗？同样，既然跟我看法一致，又怎么能做到公正！让观点不同于你我的人来判定么？既然看法都不同于你我，公正又从何说起！那么让观点跟你我相同的人来判定合适么？看法与你我都一致，评判还能公正么！这样看来，你我跟所有人都无法知道什么才是公正，为什么还非要等待有人来评判呢？”

◎ **和解**

1. 弗洛伊德《梦的解析》：“梦是（被压抑的、被抑制的）愿望的（经过改装的）满足。”“某个愿望的未能满足，其实象征着其他愿望的满足。”“当你梦到死亡时，也许你会被惊吓，或者怀疑梦中的情节是否即将成真。先别紧张！由于死亡是人生不可抗拒的终站，也带给人最错综复杂的情感纠结；因此它所代表的含意，多半是借由你对死亡的感觉来提醒你一些事情。死亡通常是表示结束或逝去，也许是某一阶段或某种关系的结束。”

2.《三国演义》：“大梦谁先觉？平生我自知。草堂春睡足，窗外日迟迟。”

3. 尼采：“天哪！难道在是与否之外，就没有第三条道路了吗？”

**——“何谓和之以天倪？”**

**曰：“是不是，然不然。是若果是也，则是之异乎不是也亦无辩；然若果然也，则然之异乎不然也亦无辩。化**

**声之相待，若其不相待，和之以天倪，因之以曼衍，所以穷年也。忘年忘义，振于无竟，故寓诸无竟。”**

▲ 语译 -“什么叫用自然的天平来调和万事万物呢？”

回答说：“任何东西有‘是’便有‘不是’，有‘然’便有‘不然’。如果‘是’果真是‘是’，那么‘是’与‘不是’之间的区别就是毋庸置疑的；假如‘然’果真是‘然’，那么‘然’与‘不然’之间的差异也同样没有争议。是是非非变来变去的声音是相对而存在的，如果要使他们不相对立，就要用自然的天平去调和，任其自然地发展变化，如此便可以享尽天年。忘掉岁月与理义，遨游于无物的境界，这样也就能够托身于无是无非，无穷无尽的天地了。”

◎ **和解**

1. 王羲之《兰亭集序》：“固知一死生为虚诞，齐彭殇为妄作。”

2. 赫拉克勒斯：“无物在留，一切皆流。”

—— **罔两问景曰：“曩子行，今子止；曩子坐，今子起。何其无特操与？”**

**景曰：“吾有待而然者邪？吾所待又有待而然者邪？吾待蛇蚹蜩翼邪？恶识所以然？恶识所以不然？”**

**昔者庄周梦为胡蝶，栩栩然胡蝶也。自喻适志与，不**

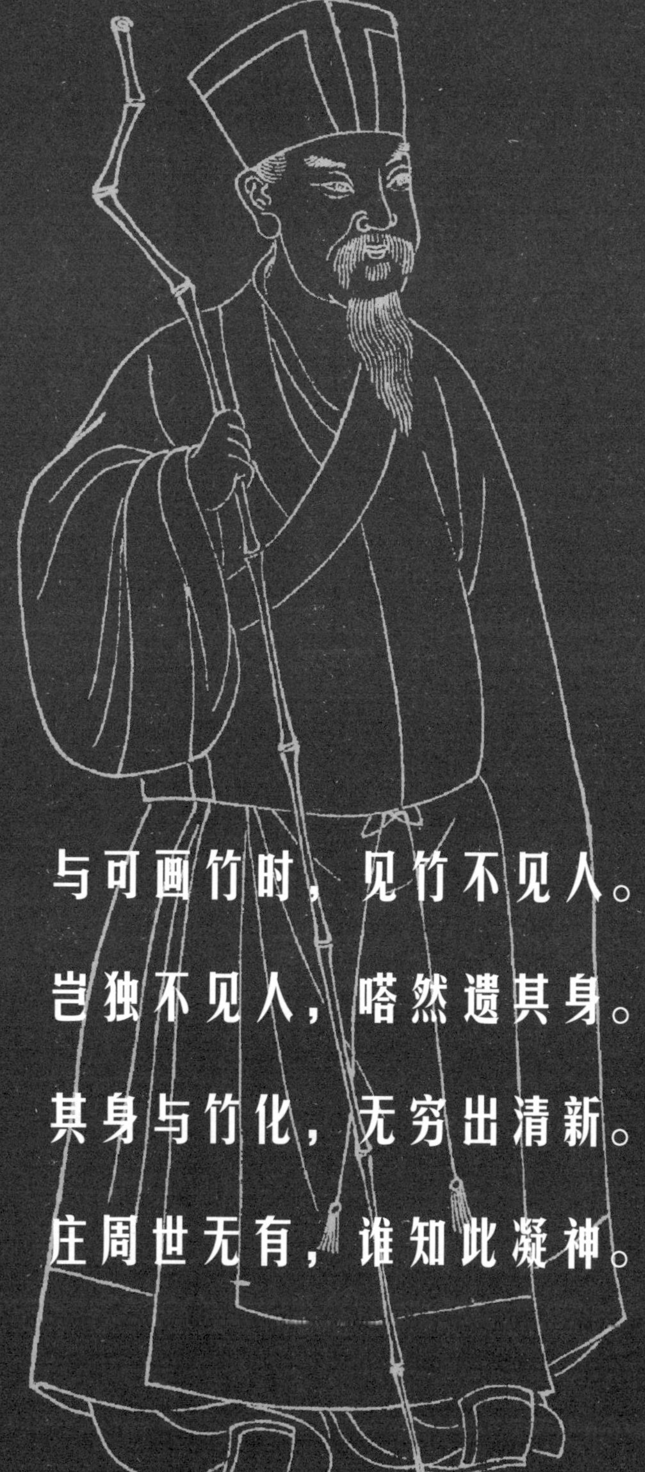

苏轼（1037—1101）

与可画竹时，见竹不见人。
岂独不见人，嗒然遗其身。
其身与竹化，无穷出清新。
庄周世无有，谁知此凝神。

**知周也。俄然觉，则蘧蘧然周也。不知周之梦为胡蝶与？胡蝶之梦为周与？周与胡蝶则必有分矣。此之谓物化。**

▲ 语译 - 罔两问影子："您刚才在行走，现在又停下来；适才您坐下，而今又站了起来。为什么一点都不能保持自己独立的操守呢？"

影子回答说："我是有所依赖才这样的吗？我所依赖的东西也是因为有所依赖才会这样吗？我所依赖的东西就像蛇依赖腹下的鳞皮、蝉依赖于翅膀一样吧？我怎么知道为什么会这样？我又怎么知道为什么不是这样呢？"

当初庄周梦见自己变成了蝴蝶，欣然自得地四处飞舞。他就非常愉快惬意！并不知道自己原本是庄周。突然间醒来，惊惶失措以后才知道原来自己还是庄周。不知是庄周梦中变成了蝴蝶呢，还是蝴蝶梦见自己变成了庄周呢？庄周与蝴蝶一定是有区别的。这种现象就叫作"物化"。

◎ **和解**

1. 沈约《郊居赋》："惟至人之非己，固物我而兼忘。"
2. 苏轼《书晁补之所藏与可画竹》："与可画竹时，见竹不见人。岂独不见人，嗒然遗其身。其身与竹化，无穷出清新。庄周世无有，谁知此凝神。"
3. 立普斯"审美移情作用"：主体和对象相互渗透，融为一体。

人在聚精会神的观照中忘了自我，使意识完全进入到被观察的对象中去，人与物的对立消失，人从对象的运动、姿态、部位及形式中以类此的方式感受到自己的活动，从而产生紧张、轻松愉快等感觉和冲动，从而在无意中模仿了对象。

4. 庾信《拟咏怀·十八》："寻思万户侯，中夜忽然愁。琴声遍屋里，书卷满床头。虽言梦蝴蝶，定自非庄周。残月如初月，新秋似旧秋。露泣连珠下，萤飘碎火流。乐天乃知命，何时能不忧。"

5. 钱起《题崔逸人山亭》："药径深红藓，山窗满翠微。羡君花下酒，蝴蝶梦中飞。"

6. 李商隐《锦瑟》："锦瑟无端五十弦，一弦一柱思华年。庄生晓梦迷蝴蝶，望帝春心托杜鹃。沧海月明珠有泪，蓝田日暖玉生烟。此情可待成追忆，只是当时已惘然。"

7. 齐己《感时》："忽忽枕前蝴蝶梦，悠悠觉后利名尘。无穷今日明朝事，有限生来死去人。终与狐狸为窟穴，谩师龟鹤养精神。可怜颜子能消息，虚室坐忘心最真。"

8. 刘小枫在《拯救与逍遥》中提到：对于创作者而言，大凡个体与外界之间出现对立与冲突之后，总不免会产生两条出路，即救赎之路与审美之路，这是中西文化的分水岭，分别代表着东西方传统文化取向的"拯救与逍遥"。

# 养生主第三

—— **吾生也有涯，而知也无涯。以有涯随无涯，殆已！已而为知者，殆而已矣！为善无近名，为恶无近刑，缘督以为经，可以保身，可以全生，可以养亲，可以尽年。**

▲ 语译 - 我们的生命有限，但知识却无穷无尽。妄想以有限的生命去追求浩瀚无边的知识，不免身心疲惫！只知道追求知识的人，也就只有危困不安地结束一生了。做好事不要求取名声，做坏事不要触及刑罚。依循自然之理来养生，可因此保养身体，保全天性，养护精神，享尽天赋的寿命。

◎ **和解**

1. 哲学家狄尔泰认为生命是世界的本源。他认为生命不是实体，不是简单的身体活动，而是无法用理性的概念加以描述的活力，是无法遏制的永恒的冲动，是转瞬即逝的流动，是可以创造能动的力量。它既“有涯”，也“无涯”。

2. 王夫之《读通鉴论·元帝》：“江陵陷，元帝焚古今图书十四万卷，或问之，答曰：‘读书万卷，犹有今日，故焚

王夫之（1619—1692）

**江陵陷，元帝焚古今图书十四万卷，或问之，答曰：'读书万卷，犹有今日，故焚之。'未有不恶其不悔不仁而归咎于读书者，曰书何负于帝哉？**

之。'未有不恶其不悔不仁而归咎于读书者，曰书何负于帝哉？"

3. 儒家对求知则抱着不同见解。《论语·为政》云："学而不思则罔，思而不学则殆。"

4. 左思《魏都赋》："上垂拱而司契，下缘督而自劝。"

5. 生命有限而智慧无穷，面对这个存在性困境，中外贤哲们对此做出了不同解答。朱熹与王阳明之争。基督教、佛教、神秘主义和世俗理性主义。探求智慧的两条不同途径：凭借经验、理性和知识；凭借直觉、良知、灵性与信仰。

—— **庖丁为文惠君解牛，手之所触，肩之所倚，足之所履，膝之所踦，砉（huā）然响然，奏刀𬴃（huō）然，莫不中音，合于《桑林》之舞，乃中《经首》之会。**

▲ 语译 - 有个叫丁的厨师，为梁惠王宰割一头牛，他手所接触的地方，肩膀所靠着的地方，脚所踩着的地方，膝盖所顶着的地方，都发出皮骨相离的声音，刀子刺进去时发出更大的响声，所有的声音前后呼应，如同演奏音乐一样，既有《桑林》舞曲节拍的韵味，又仿佛符合《经首》的节拍。

◎ **和解**

1. 成语"庖丁解牛"的出处。

2. 黄庭坚《寄上叔父夷仲》:“少年有功翰墨林，中岁作吏几陆沈。庖丁解牛妙世故，监市履狶知民心。万里书来儿女瘦，十月山行冰雪深。梦魂和月绕秦陇，汉节落毛何处寻。”

—— **文惠君曰:“谆，善哉！技盖至此乎？”**

**庖丁释刀对曰:“臣之所好者道也，进乎技矣。始臣之解牛之时，所见无非全牛者；三年之后，未尝见全牛也；方今之时，臣以神遇而不以目视，官知止而神欲行。依乎天理，批大郤，导大窾，因其固然。枝经肯綮之未尝，而况大軱乎！良庖岁更刀，割也；族庖月更刀，折也。今臣之刀十九年矣，所解数千牛矣，而刀刃若新发于硎。彼节者有间而刀刃者无厚，以无厚入有间，恢恢乎其于游刃必有余地矣。是以十九年而刀刃若新发于硎。虽然，每至于族，吾见其难为，怵然为戒，视为止，行为迟，动刀甚微，謋然已解，如土委地。提刀而立，为之四顾，为之踌躇满志，善刀而藏之。”**

**文惠君曰:“善哉！吾闻庖丁之言，得养生焉。”**

▲ 语译 - 梁惠王说:“啊，太精彩了，宰割牛的技艺也能如此登峰造极？”

庖丁放下刀回答说："臣所爱好的东西是道，早就已经超出了技艺的范畴。臣最初宰割牛的时候，眼睛里看到的不过是一整头牛而已。三年以后，就再也看不到一整头牛了。现如今，我宰牛的时候全凭用心感悟，不必再用眼睛观察了，视觉的官能早已停止活动，只是内心的精神在全面运行。宰割时完全依照牛的天然肌理，把刀劈入筋骨间较大的接缝里，然后再把刀引入骨肉的空隙中，这就能完全顺着牛的生理结构下刀了。我在挥刀解牛的过程中，甚至连大小骨节和筋肉的连接处都未曾碰到过，更何况那些大块骨头呢？好厨子一年换一把刀，是因为他们用刀仅仅是去割；愚钝的厨子每个月都要换一把刀，那是因为他们使劲砍。臣的这把刀到如今已经用了十九年，已经宰割了数千头牛，但是锋利的刀刃还是像刚磨好一样。骨节间有缝隙，刀刃也很薄，仿佛没有什么厚度，这样，刀就不但可以在宽宽绰绰的骨缝中随意游走，甚至还留有余地，这就是我的刀十九年了还锋如新磨的原因。但就算是这样，每次刀至筋骨交错之处，我也都觉得难以应付，于是提高警惕诚惶诚恐，小心翼翼地把目光停留在那，动作也开始放慢。把刀口的力度进行微妙的调整，然后，那么大的一头牛像土崩一样瞬间就解体了。这时候我提起刀站立，四下环顾，心里面非常满意，然后把刀仔细擦拭干净以后妥善保管起来。"

梁惠王听完以后，十分感慨地说："太好了！我听完你这个厨子的话，悟到了一种养生的好办法。"

◎ **和解**

1. 成语“目无全牛”“踌躇满志”和“游刃有余”的出处。

2. “所见全牛”只是肤浅地看到了牛的表面；“非全牛”已经在认识上有所提高，看到了牛的骨骼经脉；“神遇而不以目视”就已经抛弃了物质的形态，而看到了物的本质。

3. 无论是解牛，还是求学或其他事情，若能专心为之，时日弥久，自然会日臻妙境。孔子谈论学问的三种境界：知之、好之、乐之。王国维谈论治学过程中的感悟：昨夜西风凋碧树，独上高楼，望尽天涯路；衣带渐宽终不悔，为伊消得人憔悴；众里寻他千百度，蓦然回首，那人却在，灯火阑珊处。

4. 庖丁以解牛为喻，为惠王剖析大道之所在。历史上，商朝的宰相伊尹也曾经以膳食为喻，来向商汤进献良猷。当时伊尹为有莘氏之家奴，汤娶有莘氏之女为妃，伊尹自愿充任陪嫁媵臣，随同到商。他背负鼎俎为商汤烹炊，以烹调、五味为喻，分析天下大势与治国之道，并力劝汤承担起灭夏大任。汤十分赏识其才能，便免掉其奴隶身份，任命为右相，成为最高执政大臣。

5. 事实上，在古今中外的圣贤眼中，道无所不在：《中庸》云：“君子之道费而隐。夫妇之愚，可以与知焉。及其至也，虽圣人亦有所不知焉。”唐朝居士庞蕴有诗偈云：“朱紫谁为号，丘山绝点埃。神通并妙用，运水及搬柴。”

—— **公文轩见右师而惊曰:“是何人也?恶乎介也?天与?其人与?”曰:“天也,非人也。天之生是使独也,人之貌有与也,以是知其天也,非人也。”**

▲ 语译 - 公文轩看到右师以后很惊讶地说:“这个人是谁?怎么会只有一只脚?是天生的,还是人为的?”想了想自言自语说:“看来天生就这个样子,不是人为的。是天命使他只有一只脚,人的形貌是天赋予的。从这点来看这应该是天生的,而不是人为的。”

◎ **和解**

康德的哲学观念中有“物自体”的概念,字面意思是“本来就是那个样子的物”,指在人的感觉的意识之外的一种客观存在,物自体是感觉和思考的基础。作为认识主体的人承认物自体的合理存在性,但是又不可为物自体立法。

—— **泽雉十步一啄,百步一饮,不蕲畜乎樊中。神虽王,不善也。**

▲ 语译 - 沼泽里的野鸡走十来步才能找到一口东西吃,走百十来步才能找到一点水喝,但是仍然不喜欢被圈养在笼中的生活。纵然在笼子里看上去十分神气,但对它而言仍然是非常不快乐的。

裴多菲（1823—1849）

生命诚可贵，爱情价更高。

若为自由故，两者皆可抛。

◎ **和解**

1. 陶潜《归园田居·其一》:“少无适俗韵，性本爱丘山。误落尘网中，一去三十年。羁鸟恋旧林，池鱼思故渊。”

2. 匈牙利诗人裴多菲:“生命诚可贵，爱情价更高。若为自由故，两者皆可抛。”

3.《世说新语·言语》:支公好鹤。住剡东岇山，有人遗其双鹤。少时翅长欲飞。支意惜之，乃铩其翮。鹤轩翥，不复能飞，乃反，顾翅垂头，视之如有懊丧意。林曰:“既有凌霄之姿，何肯为人作耳目近玩!”养令翮成，置使飞去。

**老聃死，秦失吊之，三号而出。**

**弟子曰:“非夫子之友邪?”**

**曰:“然。”**

**“然则吊焉若此可乎?”**

**曰:“然。始也吾以为其人也，而今非也。向吾入而吊焉，有老者哭之，如哭其子;少者哭之，如哭其母。彼其所以会之，必有不蕲言而言，不蕲哭而哭者。是遁天倍情，忘其所受，古者谓之遁天之刑。适来，夫子时也;适去，夫子顺也。安时而处顺，哀乐不能入也，古者谓是帝之悬解。”**

▲ 语译 - 老聃死了，秦失前去吊丧，大哭了三声之后就离开了。

老聃的弟子们问他说："您难道不是我们夫子的好朋友么？"

秦失回答说："当然是了！"

弟子们问道："既然是朋友，像你这样轻描淡写地吊丧，算是尽到朋友的情谊了么？"

于是秦失接着回答说："没错。早先我认为老聃是世俗之人，但现在我认为不是这样的。适才我进来吊丧的时候，看见有老人为他的死而哭泣，就像哭自己的儿子那样伤心；有年轻人也为他哭泣，就像哭自己的父母那样难过。虽然他们哭得那么伤心，但是其中必定有不是为了称赞而称赞的话，并非为了哭泣而哭泣的成分。这样的行为其实是违背了天理人情，忘掉我们与生俱来的天性人伦，就是古人所谓的忤逆天理的罪过。你们的夫子既然是应时而来的，也就必然也是顺时而去的。做人如果可以安生处死，顺应天然的变化，如果可以让喜怒哀乐不侵入内心，正是古人称之为天帝解人于倒悬"。

◎ **和解**

1. 按古礼，亲友接到讣告后即来吊丧，并慰问死者家属，这叫作唁。死者家属要哭尸于室，对前来吊唁者跪拜答谢并迎送如礼。吊唁者则携带着赠送给死者的衣被，这叫作致襚。大殓之后，会举行规模较大的祭奠活动，宾客向死者行礼，主人答拜，妇女在帷内痛哭。送客后，主人主妇再次痛哭。

2.《晋书·阮籍传》:“籍又能为青白眼，见礼俗之士，以白眼对之。及嵇喜来吊，籍作白眼，喜不怿而退。喜弟康闻之，乃赍酒挟琴造焉，籍大悦，乃见青眼。”

3. 中外圣贤对死亡有超然与达观的态度。如南北朝时的王景文，《世说补》记载，宋明帝赐王景文饮鸩（毒酒），使者到达之时，王景文正与客人下棋，便随手将诏令搁置在旁边，依旧神色不乱。等到棋局结束，才以死令示客，众客大惊，而景文笑曰“此酒不让”，便从容饮鸩而死。如苏格拉底的临终遗言:“分手的时候到了，我去死，你们去活，谁的去路更好，只有神明知道。”如维特根斯坦，他在临死前对前来送别的人说:“告诉他们，我度过了美好的一生。”

4. 斯宾诺莎《伦理学》:“无知的人不仅在各方面受到外部原因的扰乱，从未享受灵魂的真正和平，而且过着对上帝、对万物似乎一概无知的生活，活着也是受苦，一旦不再受苦了，也就不再存在了。另一方面，有知的人，在他有知的范围内，简直可以不动心，而且由于理解他自己、上帝、万物都有一定的永恒的必然性，他也就永远存在，永远享受灵魂的和平。”

—— **指穷于为薪，火传也，不知其尽也。**

▲ 语译 - 脂膏作为烛薪有燃烧穷尽的时候，但火种却能传递下来，没有穷尽的时候。

◎ **和解**

1. 成语“薪火相传”的出处。

2. 曾国藩去世，李鸿章为其撰写挽联：“师事近三十年，薪尽火传，筑室忝为门生长；威名震九万里，内安外攘，旷世难逢天下才。”

# 人间世第四

一　颜回见仲尼，请行。

曰："奚之？"

曰："将之卫。"

曰："奚为焉？"

曰："回闻卫君，其年壮，其行独。轻用其国，而不见其过。轻用民死，死者以国量乎泽若蕉，民其无如矣！回尝闻之夫子曰：'治国去之，乱国就之，医门多疾。'愿以所闻思其则，庶几其国有瘳（chōu）乎！"

仲尼曰："譆，若殆往而刑耳！夫道不欲杂，杂则多，多则扰，扰则忧，忧而不救。古之至人，先存诸己，而后存诸人。所存于己者未定，何暇至于暴人之所行？

▲ 语译 - 颜回有一次要出远门，就去向老师孔子辞行。

孔子问他说："你要到哪里去？"

颜回回答说："去卫国。"

孔子就接着问道："去做什么？"

王阳明（1472—1529）

破山中贼易，破心中贼难。

颜回回答说："我听说卫国的国君年轻气盛，行为专断。他对国家大事处理轻率，连自己犯了过失都不知道。他也轻视百姓以至于奴役至死，甚至因此而死的人遍布全国，如同漂浮在茫茫大泽中的草芥，百姓都失去了可以生活的地方。颜回曾在老师那里听过这样的教诲：'国家安定了，我们就可离开，同时看到有国家发生动乱，则当义不容辞前去，所谓医生门前病人多。'我希望能用从先生这学来的睿智思想为卫国找到出路，或许卫国尚能恢复元气！"

孔子说："唉，你就这么去卫国，恐怕会招致杀身之祸！想推行大道，就不宜眉毛胡子一把抓，像你这样做事想问题繁杂，就会事绪繁多，事绪一繁多内心就会被扰乱，内心一旦被扰乱了，人就难免忧虑，心里如果有太多忧虑就一定自身难保，还何谈救国安民。古代的至人，总是在立己之后才去扶助他人。你自己尚且道不立行未修，哪里还有工夫投身庙堂之内，去匡正暴君的言行！

◎ **和解**

1. 亚里士多德《尼各马可伦理学》："为一个人获得这种善诚然可喜，为一个城邦获得这种善则更高尚。"

2.《论语·宪问》："子路问君子。子曰：'修己以敬。'曰：'如斯而已乎？'曰：'修己以安人。'曰：'如斯而已乎？'曰：'修己以安百姓。修己以安百姓，尧舜其犹病诸。'"

3. 王阳明："破山中贼易，破心中贼难。"

4. 章太炎在《哲学的派别》中认为，儒家的学说经过颜回传到了庄子手中；“庄子有极赞孔子处，也有极诽谤孔子处，对于颜回，只有赞无议，可见庄子对于颜回是极佩服的。庄子所以对孔子加以抨击，也因战国时学者托于孔子的很多，不如把孔子也驳斥，免得他们借孔子做护符。照这样看来，道家传于孔子为儒家，孔子传颜回，再传至庄子，又入道家了。至韩退之以庄子为子夏门人，因此说庄子也是儒家。”

——**“且若亦知夫德之所荡，而知之所为出乎哉？德荡乎名，知出乎争。名也者，相轧也；知也者，争之器也。二者凶器，非所以尽行也。**

**“且德厚信矼（kòng），未达人气；名闻不争，未达人心。而强以仁义绳墨之言，术暴人之前者，是以人恶有其美也，命之曰菑人。菑人者，人必反菑之，若殆为人菑夫！**

**“且苟为悦贤而恶不肖，恶用而求有以异？若唯无诏，王公必将乘人而斗其捷。而目将荧之，而色将平之，口将营之，容将形之，心且成之。是以火救火，以水救水，名之曰益多。顺始无穷。若殆以不信厚言，必死于暴人之前矣！**

▲ 语译 -“颜回呀，你知道‘德’之所以丧失，而‘智’大行其道的原因吗？德之流丧在世人好名，智行其道在世人互斗。于是

所谓的‘声名’成为相互倾轧的工具，同样‘智’也就是相互争斗的利器。这两样都是凶器，皆不可推行于世。

“就算是道德纯厚之人，也未必知道该怎样与人意气相投；就算非好名求闻之徒，同样也不一定能获得世人的理解。所以，如果强求暴君耐着性子听‘仁义’那一类规范的宣讲，恰恰是以暴君之恶来反衬自己之美，这样可是害人呀。害人之人反过来一定会被人报复。若你真这么做了，恐怕将来会有被人报复的危险呀！

“如果卫君尚贤而恶奸佞，又何须你去人家面前标新立异？若你去到卫国，不发表言论还好，一旦说话，卫君就会抓住机会快捷地与你展开争辩。到那时候，你就会眼花缭乱，神气也会逐渐平息，甚至说话都会自顾不暇，于是态度上就会有所松懈，这时，也就会在心里对卫君的言行产生认同。如果你这样做，好比用火救火、用水救水，对你而言是错上加错。既然已经开始顺服，从此以后就会没完没了，若你尚未取信于卫君就进谏忠厚之言，就等着死于暴君之手吧。

◎ **和解**

1. 马克斯·韦伯《新教伦理与资本主义精神》曾论述了工具性的反作用性，刚开始作为信仰的规范最后变成了教条反过来束缚了具有能动性的人，并且成为常态，变成枷锁。盖与庄子所说的推行仁义最后灾及其身同。

2. 话语权。福柯认为“话语”本身是不存在力量的，但是话语能够带动出权力和欲望之间的联系，话语中对是非的界定，其实正是权力的好恶关系。同时福柯也认为权力正是通过自身的好恶去阉割真实的是非，并且以自身的基础、证明和规则，扩大自己的效应。表面上是话语的同化，而实际上是强权的压迫。

3. 萨义德《知识分子论》："当语言冲洗人的意识，诱使它被动地接受未经验证的观念和情绪时，结果便是心灵的麻木与被动……知识分子特别的问题在于每个社会中的语言社群被已经存在的表现习惯所宰制，这些习惯的主要作用之一就是保持现状，并确保事情能够平稳、不变、不受挑战地进行。"

**——"且昔者桀杀关龙逢，纣杀王子比干，是皆修其身以下伛拊人之民，以下拂其上者也，故其君因其修以挤之。是好名者也。**

**"昔者尧攻丛、枝、胥敖，禹攻有扈。国为虚厉，身为刑戮。其用兵不止，其求实无已，是皆求名实者也，而独不闻之乎？名实者，圣人之所不能胜也，而况若乎！虽然，若必有以也，尝以语我来。"**

▲ 语译 -"想当初，夏桀杀了关龙逢，纣王杀了王子比干，都是因为关、比二人注重修身，以人臣的身份爱护抚育百姓，然而却

站在人臣的地位上忤逆君王，君王正是因他们的高尚才找借口斩杀他们。此乃喜好名声的结果。

“再向上推，帝尧征伐丛、枝、胥敖，夏禹攻打有扈。令他们国家一下子变成废墟，国民灭绝变成厉鬼，国君身受刑戮。其缘由正是因为他们穷兵黩武，侵吞土地和财富，贪心不足造成的。这都是贪名夺利的前车之鉴，难道你就一点都没听过吗？名与利之诱，就算是圣人都无法超然，更何况你颜回呢？道理虽说如此，你既然决意要去，就理应有所依据，不妨与为师说来听听！”

◎ **和解**

1. 斯宾诺莎《伦理学》：“骄傲的人喜欢见依附他的人或谄媚他的人，而厌恶见高尚的人……而结果这些人愚弄他，迎合他那软弱的心灵，把他由一个愚人弄成一个狂人。”

2. 萨义德《知识分子论》：“知识分子既不是调节者，也不是建立共识者，而是这样一个人：他或她全身投注于批评意识，不愿接受简单的处方、现成的陈腔滥调，或迎合讨好、与人方便地肯定权势者或传统者的说法或做法。”

3. 清人袁枚在赴任前向老师尹文瑞辞行，尹文瑞问他准备如何应对官场诸事。袁枚说自己准备好了100顶高帽，只要逢人便奉上1顶。尹文瑞很不高兴，说：“为官要正直，亏你读了这么多书，怎么还搞这套呢！”袁枚立即辩称：“世人

曾国藩（1811—1872）

李少荃拼命做官，俞荫甫拼命著书。

大都喜欢被戴高帽，能有几个像老师这样清高卓绝呢？我的高帽是为普通人准备的。”尹文瑞听罢，不禁频频点头。袁枚从老师家里出来后，叹口气说：“我准备好的 100 顶高帽子，还未到任，就已经送出 1 顶，看来这高帽子还要多入货才成。”

4. 曾国藩对门下子弟李鸿章和俞樾曾有评语：“李少荃拼命做官，俞荫甫拼命著书。”

5.《论语·泰伯》：“不在其位，不谋其政。”

—— **颜回曰：“端而虚，勉而一，则可乎？”**

**曰：“恶！恶可！夫以阳为充孔扬，采色不定，常人之所不违，因案人之所感，以求容与其心。名之曰日渐之德不成，而况大德乎！将执而不化，外合而内不訾，其庸讵可乎！”**

▲ 语译 - 颜回说：“假如颜回我能做到外表端正内心谦虚，勤奋努力并且心态专一，先生，您觉得这样可以吗？”

孔子说：“为什么要这样，这又怎么可行呢！卫君性情刚猛，飞扬跋扈，且喜怒无常，没有谁敢对他有丝毫违逆，他也正是借此来压抑民心，以达成他个人放纵欲望的目的，这就算每天用‘小德’循序渐进地感化都取得不了什么成效，更何况用‘大德’加以规劝呢？卫君是顽固不化的人，虽然表面赞同但是内心并不会接纳，照这样来看，你的想法该是多么幼稚呀！”

◎ 和解

1. 斯宾诺莎《神学政治论》：“让人人自由思想说他心中的话，这是统治者保留这种权利和维护国家安全的最好的办法。”
2. 亚里士多德《政治学》：“对于一个清明而能时常反省的人看来，作为一个政治家而竟不顾他人的意愿，而专心于制服并统治邻邦的策划，这是很可诧异的。这种统治实际上是不合法的，一个政治家或者立法家怎能设想到非法的事情？掌握了权力就不顾正义，这种不问是非的强迫统治总必然是非法的。”

——“然则我内直而外曲，成而上比。内直者，与天为徒。与天为徒者，知天子之与己，皆天之所子，而独以己言蕲乎而人善之，蕲乎而人不善之邪？若然者，人谓之童子，是之谓与天为徒。外曲者，与人之为徒也。擎跽曲拳，人臣之礼也。人皆为之，吾敢不为邪？为人之所为者，人亦无疵焉，是之谓与人为徒。成而上比者，与古为徒。其言虽教，谪之实也，古之有也，非吾有也。若然者，虽直而不病，是之谓与古为徒。若是则可乎？”

仲尼曰：“恶！恶可！大多政法而不谍。虽固，亦无

**罪。虽然，止是耳矣，夫胡可以及化！犹师心者也。”**

▲ 语译 - 颜回说：“如若这么说，我就内心正直诚恳，而外表俯首曲就，援引陈说而上比于古人。内心正直，也就是与自然为伍并且道法自然，站在自然的角度上看待俗世，就很清楚，其实自己跟所谓的“天子”一样，本都源出自然，本都是上天之子。既然这样，又何必拿着自己的言论四处宣扬，在乎是为人所赞赏，还是为人所贬斥呢？人若能怀着天真无邪的童心，也就能做到所谓的与自然为伍而道法自然。外表曲就，就是与众人为伍。手执朝笏曲身拱手，尽身为人臣的礼仪，别人都可以做到，我为何做不到？但凡都跟别人做的一模一样，别人也就无从责难，这正是与众人为伍的目的。援引成说而上比古人，其实是在向古人学习。虽然古人的言论有中肯的教诲，但指责批评人君才是其言论的根本，这种事古来有之，我并非始作俑者。虽然言语直率了一些，但并不会为人诟病，这才是与古人同类的意义。这回总该可行了吧？”

孔子说：“唉，为什么要这样呢？当今世上纠正人君失误的方法颇多，但都繁杂琐碎没有条理，这些方法虽然浅陋，却也不会获罪于卫君。不过，做事情这么中规中矩，你又怎能感化卫君！颜回呀，你似乎过于执着于自己内心固有的标准了。”

◎ **和解**

1.“内直而外曲”成泰卦之象。其彖曰：“泰，小往大来，吉

荷尔德林（1770—1843）

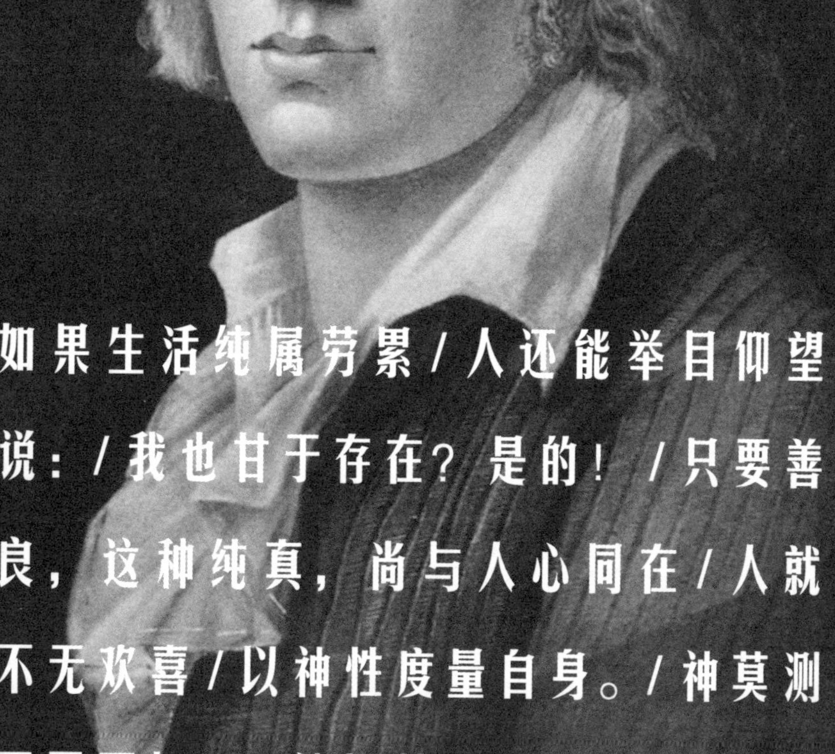

亨。则是天地交，而万物通也；上下交，而其志同也。内阳而外阴，内健而外顺，内君子而外小人，君子道长，小人道消也。”

2. 卢梭：“人生来自由，而处处都在枷锁中。人们自认为是旁人的主子，但依旧比旁人更是奴隶。”

3. 斯宾诺莎认为，如果人人都能意识到人的自我保存都出自实体也就是“神”或者神、“自然”的本性，那么人与神、人与人之间就能和谐一致。其《神学政治论》中称：“人的天然所赋予的权利都不能绝对为人所剥夺，而人民由于默认或公约，保留几许权利，此诸权利若被剥夺，必大有害于国家。”

4. 荷尔德林《在明媚的天色下》：“如果生活纯属劳累 / 人还能举目仰望说：/ 我也甘于存在？是的！ / 只要善良，这种纯真，尚与人心同在 / 人就不无欢喜 / 以神性度量自身。/ 神莫测而不可知？ / 神如苍天昭若显明？ / 我宁愿信奉后者 / 神本来是人之尺度 / 充满劳绩，然而人诗意地 / 栖居在这片大地上，我要说 / 星光璀璨的夜之阴影 / 也难与人的纯洁相匹 / 人乃神性之形象。/ 大地上可有尺度？绝无。”

5. 冯友兰在《新原人》中根据人的觉解程度的大小，将人生境界依次划分为自然境界、功利境界、道德境界和天地境界；而宗白华则在《中国艺术意境之诞生》提出了五境界说，亦即：功利境界、伦理境界、政治境界、学术境界、宗教境界。(介乎后二者中间的是艺术境界。)

—— **颜回曰:“吾无以进矣，敢问其方。”**

**仲尼曰:“斋，吾将语若。有心而为之，其易邪? 易之者，皞天不宜。”**

**颜回曰:“回之家贫，唯不饮酒不茹荤者数月矣。如此，则可以为斋乎?”**

**曰:“是祭祀之斋，非心斋也。”**

**回曰:“敢问心斋。”**

**仲尼曰:“若一志，无听之以耳，而听之以心；无听之以心，而听之以气。听止于耳，心止于符。气也者，虚而待物者也。唯道集虚。虚者，心斋也。”**

▲ 语译 - 颜回说:“我实在说不出别的办法来了，敢请先生赐教。”

孔子说:“那好，你先去斋戒清心，然后我再告诉你！你有诚心去做事，哪里有那么容易呢? 如果这么容易，便与自然之理不符合了。”

颜回说:“我家境贫穷，已经连着几个月没饮酒开荤了。这算是斋戒吧?”

孔子回答说:“这种不过是祭祀中的‘斋戒’，并非

‘心斋’。”

颜回就问：“请问先生，何为‘心斋’？”孔子说：“摒除杂念，用心专一，不是用耳听而是用心去领悟；不要用心去听，而要用气去听！耳朵最多只能倾听，心也不过是止于思考。所谓的气，就是使自己静虚空明以容纳外物的状态。只有通过大道才能汇集虚空，当你能够虚无空明时，就是‘心斋’了。”

◎ **和解**

1.《孟子·离娄下》：“虽有恶人，齐戒沐浴，则可以祀上帝。”

2. 白居易《斋戒》：“每因斋戒断荤腥，渐觉尘劳染爱轻。”

—— **颜回曰：“回之未始得使，实自回也；得使之也，未始有回也，可谓虚乎？”**

**夫子曰：“尽矣！吾语若：若能入游其樊，而无感其名，入则鸣，不入则止。无门无毒，一宅而寓于不得已，则几矣。绝迹易，无行地难。为人使易以伪，为天使难以伪。闻以有翼飞者矣，未闻以无翼飞者也；闻以有知知者矣，未闻以无知知者也。瞻彼阕者，虚室生白，吉祥止止。夫且不止，是之谓坐驰。夫徇耳目内通，而外于心知，鬼神将来舍，而况人乎！是万物之化也，禹、舜之所**

**纽也，伏戏、几蘧之所行终，而况散焉者乎！”**

▲ 语译-颜回说：“颜回未曾领受过‘心斋’的教诲前，还是一个实实在在的颜回；在聆听了‘心斋’的教诲之后，才发现，原来那个实体性的颜回根本未曾有过，夫子，这是否算得上是虚空？”

孔子说：“心斋的道理已尽于此了！我告诉你：到卫国境内去游说，不要为虚名而动心，人家能听进去的话就说，人家听不进去的话就闭口。不寻找门路去营求，安心于一，了无二念，待人处世一切都不得已而为之，就差不多寻求到‘心斋’了。你想，不愿留下足迹，只要不出门就是了，但是走路时不留下足迹可就太难了。同样，受到人为的驱遣，想装模作样一下很容易，但被自然所驱遣就极难掩饰。我们都知道只有长翅膀才能飞，却从未听说过没有翅膀却也能飞翔的；只听说过拥有智慧才能了解事物，却未曾听说过没有智慧也能了解事物的。心空才能望穿世界的空空茫茫，正如空旷的房间里才能洒满洁白的阳光，一切吉祥如意就因此而凝集。行为凝止而感物不停，就是所谓的形坐神驰。倘若让耳目的感观通向内而用心自内而外感知外界的千变万化，那么就连天地鬼神之气都会前来归附，哪里还用操心不会为人所敬仰呢！这正是万物变化的要义，此要义连禹和舜都要掌握，连伏羲、几蘧都始终践行，更何况你我这样的凡夫俗子呢！”

◎ **和解**

1.《楚辞·渔父》："圣人不凝滞于物，而能与世推移。"

2. 王籍《入若耶溪》："蝉噪林逾静，鸟鸣山更幽。"

3. 王阳明《大学问》："大人之能以天地万物为一体也，非意之也。其心之仁本若是。"

4. 斯宾诺沙《伦理学》："心灵的决定若扣掉欲望就不剩什么，会随着各种安排改变，心灵内没有绝对值也没有自由意志，心灵的意愿是由一个因素来决定，而这个因素是由另一因素决定，然后再另一个，再另一个，就这样无限持续。人们会相信他们是自由的是因为他们了解自己的意志和欲望，但忽略了致成因素。"

5. 章太炎对"虚室生白"的理解与传统不同，他在《国学讲演录》中说："向来注《庄子》者，于'瞻彼阕者，虚室生白，吉祥止止'十二字多不了然，谓室比喻心，心能空虚则纯白独生，然阕字终不可解。按：《说文》，'事已闭门'为阕，此盖言晏坐闭门，人从门隙望之，不见有人，但见一室白光而已。此种语，佛书所恒道，而中土无之，故非郭子玄所知也。"

—— **叶公子高将使于齐，问于仲尼曰："王使诸梁也甚重，齐之待使者，盖将甚敬而不急。匹夫犹未可动，而况诸侯**

乎！吾甚慄之。子常语诸梁也曰：‘凡事若小若大，寡不道以欢成。事若不成，则必有人道之患；事若成，则必有阴阳之患。若成若不成而后无患者，唯有德者能之。’吾食也执粗而不臧，爨无欲清之人。今吾朝受命而夕饮冰，我其内热与！吾未至乎事之情而既有阴阳之患矣！事若不成，必有人道之患。是两也，为人臣者不足以任之，子其有以语我来！”

仲尼曰：“天下有大戒二：其一命也，其一义也。子之爱亲，命也，不可解于心；臣之事君，义也，无适而非君也，无所逃于天地之间。是之谓大戒。是以夫事其亲者，不择地而安之，孝之至也；夫事其君者，不择事而安之，忠之盛也；自事其心者，哀乐不易施乎前，知其不可奈何而安之若命，德之至也。为人臣子者，固有所不得已。行事之情而忘其身，何暇至于悦生而恶死！夫子其行可矣！

“丘请复以所闻：凡交，近则必相靡以信，远则必忠之以言。言必或传之。夫传两喜两怒之言，天下之难者也。夫两喜必多溢美之言，两怒必多溢恶之言。凡溢之类妄，妄则其信之也莫，莫则传言者殃。故法言曰：‘传其常情，无传其溢言，则几乎全。’

“且以巧斗力者，始乎阳，常卒乎阴，泰至则多奇巧；

**以礼饮酒者，始乎治，常卒乎乱，泰至则多奇乐。凡事亦然，始乎谅，常卒乎鄙；其作始也简，其将毕也必巨。夫言者，风波也；行者，实丧也。风波易以动，实丧易以危。故忿设无由，巧言偏辞。兽死不择音，气息茀然，于是并生心厉。克核大至，则必有不肖之心应之，而不知其然也。苟为不知其然也，孰知其所终！故法言曰：'无迁令，无劝成。过度，益也。'迁令劝成殆事。美成在久，恶成不及改，可不慎与！且夫乘物以游心，托不得已以养中，至矣。何作为报也！莫若为致命，此其难者。"**

▲ 语译 - 叶公子高将要出使齐国，他去向孔子请教说："楚王派遣我诸梁出使齐国，此事关系重大。齐国接待来使，总是表面恭敬但是实则怠慢，不肯迅速回应对方的请求。市井匹夫尚且不易被说服，何况诸侯乎！对此事，我很担忧。先生常教导我说：'凡事无论大小，几乎没有不靠道术就功成圆满的。若不成事，就必定有人伦之祸、刑罚之忧；若成事，也不免因操劳而招致阴阳失调之患。若不论事成与否都不至于遭到祸患的，只有道德高尚的人能做到。'我本来就是一个不求佳肴，吃饭时更不求食物解凉散热的人。但是今天早上我接到了国君的诏命，晚上就大口喝凉水，可能正是内心焦躁所致！现在还没真正接手事务，就已经因忧喜交加而生出病患！假如事情真的不尽如人意，就一定会受国法惩处。这两种灾祸，为人臣的承担不起呀，大概先生您能指点我一二吧！"

孔子回答说："天下的大戒有二：一是天命，一是道义。儿女敬爱双亲，此乃自然的天性，没办法从内心中解除；人臣侍奉国君，此乃道义，普天之下莫非王土，这一点谁也逃避不了。这两者就是做人的大戒。所以侍奉双亲，无论在何地都要以父母安适为重，这是孝的极致；侍奉国君，无论何事都要使国君放心为要，这是忠的极致。而注重修养内心，不会轻易为哀乐所影响，心里要清楚于世事该有无可奈何的态度，所以就算无能为力也要安之若命，这乃是德的极致。身为人臣，本来就该知道一切都在不确定中，总会摊上不得已的事情。做事时则专注于事，而忘掉一己私利，如果你能做到这点，哪里还有功夫去恋生恶死呢！所以，你只管去做就是了！

"我还是想把听过的一些道理再跟你说说：凡国与国之间相处，一定比邻间接触要有诚信，而远方邦交的维系则一定要言辞忠厚。两国间的交往总得有个能传音报信的人。为国君传递喜言怒辞，在普天之下算是难办的事了。如两国亲善，言谈中必多溢美之词；反过来，两国交恶，则必多诋毁之辞。凡是话说的过度都难免近于虚构，既然近于虚构，就自然会怀疑言辞的真实性，国君如果有所怀疑，那么使臣就会受到殃及。所以有道是：'传达言辞务在平实，不可夸大过分，如此则可自保。'

"更何况以智巧相较量的人，刚开始还能堂堂正正，但最后常常变成背地暗算，严重的甚至施以阴谋毒计；按照礼数宴饮，刚开始尚可规规矩矩，不过最后常以混乱收场，甚至放纵淫乐。无论何事恐怕都会经历这么个过程：开始时以诚相待，到头来却互相欺诈；前期单纯简省，临末就必定纷繁巨大。言语犹如风吹水面形成的波纹，践行中难免会引喻失义。一阵风吹来，波浪就随风左右摇摆，偏离本位，同样正义一旦丧失就容易陷入险境之中。所以引起愤怒的不二原因，正是言辞的虚巧片面。濒死虚弱的猛兽叫声尖利凄惨，毫无修饰，气息携带着哀怒，勃然而出，于是凶戾乖张之心也就随之迸发。为人过分苛刻责怪，就必然会引起他人怨念，自己却丝毫都不知道。做人假如连自己的现状因何所致都不知道，那么又怎么能知道等待他的又是何结果呢！所以古语说：'切勿朝令夕改，勉强求成，凡事过度就会溢出。'更改政令或勉强求成都会有危险。成就一桩好事要积累很久，但是一旦作恶就来不及悔改了，所以行事又怎能不特别审慎！随物变化而任心自由遨游，随遇而安以养中和之气，才是最佳选择。那么又该如何向国君回报音信呢！莫过于用心尽为人臣的应尽职责，踏踏实实办事，老老实实说话。这样做已经难为人了。"

◎ **和解**

1. 成语"安之若命"的出处。

2. 饮冰。《黄帝内经·疟论篇》："阳盛则外热，阴虚则内热，外内皆热则喘而渴，故欲冷饮也。"梁启超自号"饮冰室主人"，以此来表达他对当时中国政局的担忧。

3. 大戒有二。程颢《河南程氏遗书》卷五："父子君臣，天下之定理，无所逃于天地之间。"

梁启超（1873—1929）

“阳盛则外热，阴虚则内热，外内皆热则喘而渴，故欲冷饮也。”梁启超自号“饮冰室主人”，以此来表达他对当时中国政局的担忧。

色诺芬在《回忆苏格拉底》这篇文章中记载了苏格拉底对孝敬父母的论证："既然无论对朋友还是对敌人，忘恩负义都是不折不扣的绝对不义，既然子女从父母所受的恩惠要远远大于从别人所受的恩惠，那么，子女就应该尊重孝敬自己的父母。"亚里士多德的《政治学》："离群索居者，不是野兽，便是神灵。"尼采《查拉斯图拉如是说》："所谓孤独者有三种状态，神灵、野兽和哲学家。神灵孤独，因为它充实自立；野兽孤独，因为它桀骜不驯；而哲学家既充实自立又桀骜不驯。"

4. 西方驻外大使制度的演变与由来。古希腊时，信使有专门的符节，任何城邦都不得攻击持有这种符节的人。在中世纪，双方军队交战前往往会派出使节，向对方通知交战地点、时间、人数等信息，骑士如果杀了使节自然会被其他骑士和领主视为下流无耻。大使在其所驻国内，与大使本国的国家元首是等同的，享有全部的外交豁免权，包括免受所驻国全部法律管辖的豁免权，人身和财产不受侵犯的豁免权，以及免税权利。

最早的常驻大使出现在 14 世纪。1341 年，意大利的曼图亚城邦向巴伐利亚王国宫廷派遣大使，这个举动被认为是现代大使制度的起源。此后威尼斯、佛罗伦萨、西班牙、法国、英格兰、神圣罗马帝国等国也纷纷互派大使。1559 年法国国王和西班牙国王签订《卡托 - 康布雷齐和约》，首次向国际会议派遣大使。最初，只有君主制大国之间才会互派大使，后来也向共和制国家（如法兰西共和国和美国）派遣大使。例如，截至1860年为止，英国只向法国、俄罗斯和奥斯曼帝国派出过三位大使。美国由于怀抱着强烈的共和主义思想，直到1893年美国才向英国、法国、德国和意大利派出共4名大使。“二战”以后，根据所有国家平等的原则，各国开始向所有建交国家派遣大使。

—— **颜阖将傅卫灵公太子，而问于蘧伯玉曰：“有人于此，其德天杀。与之为无方，则危吾国；与之为有方，则危吾身。其知适足以知人之过，而不知其所以过。若然者，吾奈之何？”**

**蘧伯玉曰：“善哉问乎！戒之，慎之，正女身也哉！形莫若就，心莫若和。虽然，之二者有患。就不欲入，和不欲出。形就而入，且为颠为灭，为崩为蹶；心和而出，且为声为名，为妖为孽。彼且为婴儿，亦与之为婴儿；彼且为无町畦，亦与之为无町畦；彼且为无崖，亦与之为无崖；达之，入于无疵。**

**“汝不知夫螳螂乎？怒其臂以当车辙，不知其不胜任也，是其才之美者也。戒之，慎之，积伐而美者以犯之，几矣！**

**“汝不知夫养虎者乎？不敢以生物与之，为其杀之之怒也；不敢以全物与之，为其决之之怒也。时其饥饱，达其怒心。虎之与人异类，而媚养己者，顺也；故其杀者，逆也。**

**“夫爱马者，以筐盛矢，以蜄盛溺。适有蚊虻仆缘，而拊之不时，则缺衔、毁首、碎胸。意有所至，而爱有所亡，可不慎邪！”**

▲ 语译 - 颜阖受邀去给卫灵公的太子做老师，他去求教卫国的贤大夫蘧伯玉说：“现如今，有这样一个人，他生性凶残嗜杀。与他相处若没有法度、没有原则，就势必危害国家；若坚持法度、坚持原则，就一定会危害到自己。这个人的智慧刚够得上了解别人的过失，但是却不知道别人为何出错。遇到这种情况，我该如何是好？”

蘧伯玉说：“这个问题问得好！要警惕、要谨慎，就首先要身正！倒不如索性表面上恭顺亲近，但是内心里暗自抱持引导的愿望。即便如此，持这两种态度仍会存有隐患。与他亲近但切忌交往过甚，暗里引导但别露出马脚。因亲附而关系过分，就会放任其自流甚至沦为帮凶；引导之心外露，则会被误解为求名心重以致招来祸患。如果他仿佛孩童般天真，你不妨也同他一样烂漫无知；他若对你不设隔阂，你也索性跟他没有界限；假如他对你无拘无束，你姑且就跟他一样无拘无束好了；将他一点点地导

叔本华（1788—1860）

大家都相信自己先天是完全自由的，甚至涵盖个人行动，而且认为在任何时候他都可以开始另一种生活方式。

入正途，使他渐渐地达到无过失的境地。

“难道你不知道螳螂吗？这个小东西只会激动地挥舞前臂挡在车前，根本不知凭一己之力全无胜算，反倒自认才力完满。你须警惕，并须谨慎，时常显露自己的才智，对他有所触犯，这就非常危险啦！

“难道你没见过养虎的人吗？他们从来不敢给老虎投喂活食，担心扑杀活物会激起老虎的戾气；也从来不敢喂给老虎整只的动物，担心撕咬的行为会激起老虎的暴虐。养虎的人很聪明，知道老虎何时饥、何时饱，疏导它的喜怒之情。所以老虎只会对外人怒目吼叫，而对喂养他的人摇尾谄媚，其原因正是养虎之人知道顺其本性；至于那些命丧虎口的人，恰恰是由于触犯了它们的性情呀。

“有个人非常爱马，他用精细的竹筐盛马粪，拿珍贵的大贝壳接马尿。不巧这时有一只牛虻叮到了马身上，如果他拍打不及时，马就会怒气冲天，不但把勒口咬断，还把辔头挣开，连胸络也给弄坏了。他的本意是爱护马，但结果却适得其反，你觉得做人可以不谨慎吗！”

## ◎ 和解

1. 成语“螳臂当车”的出处。
2. 柏拉图《理想国》第三卷：“我们也要把年轻人放到贫穷忧患里去，然后再把他们放到锦衣玉食的环境中去，同时，比起人们用烈火炼金制造金器还要细心得多地去考察他们，看他们受不受外界的引诱，是不是会泰然无动于衷，守身如玉，做一个自己的好的护卫者，是不是能护卫自己已经受的文化修养，维持那些心灵状态在他身上的谐和和真正的节奏——这样的人对国家对自己是最有用的。”

3.《老子》：“曲则全，枉则直。”

4. 叔本华《人生的智慧》：“大家都相信自己先天是完全自由的，甚至涵盖个人行动，而且认为在任何时候他都可以开始另一种生活方式。但后天，从经验上，他会惊讶地发现自己并不自由，而是受制于必需品，而且不顾他的所有决心，他无法改变自己的行为，而这就形成从他生命开始到结束的生活，他必须扮演自己谴责的角色。”

5. 爱因斯坦：“叔本华说，人们可以做他想要做的，但不能意志他想要意志的。这句话伴随我度过生命所有的际遇，且使我容易顺从他人的行为，即使那些行为让我很烦恼。”

—— **匠石之齐，至于曲辕，见栎社树。其大蔽数千牛，絜之百围，其高临山十仞而后有枝，其可以为舟者旁十数。观者如市，匠伯不顾，遂行不辍。**

**弟子厌观之，走及匠石，曰：“自吾执斧斤以随夫子，未尝见材如此其美也。先生不肯视，行不辍，何邪？”**

**曰：“已矣，勿言之矣！散木也。以为舟则沉，以为**

棺椁则速腐，以为器则速毁，以为门户则液樠，以为柱则蠹，是不材之木也。无所可用，故能若是之寿。”

匠石归，栎社见梦曰：“女将恶乎比予哉？若将比予于文木邪？夫柤梨橘柚果蓏（luǒ）之属，实熟则剥，剥则辱。大枝折，小枝泄。此以其能苦其生者也。故不终其天年而中道夭，自掊击于世俗者也。物莫不若是。且予求无所可用久矣！几死，乃今得之，为予大用。使予也而有用，且得有此大也邪？且也，若与予也皆物也，奈何哉其相物也？而几死之散人，又恶知散木！”

匠石觉而诊其梦。弟子曰：“趣取无用，则为社何邪？”

曰：“密！若无言！彼亦直寄焉！以为不知己者诟厉也。不为社者，且几有翦乎！且也，彼其所保与众异，而以义喻之，不亦远乎！”

南伯子綦游乎商之丘，见大木焉，有异，结驷千乘，将隐芘其所藾。子綦曰：“此何木也哉！此必有异材夫！”仰而视其细枝，则拳曲而不可以为栋梁；俯而视其大根，则轴解而不可以为棺椁；咶（shì）其叶，则口烂而为伤；嗅之，则使人狂酲三日而不已。子綦曰：“此果不材之木也，以至于此其大也。嗟乎，神人以此不材。”

▲ 语译 - 石木匠去齐国，到了曲辕这个地方，他看到了一棵大栎树被当地人当作社神供奉。这棵大树的树冠足以遮蔽数千头牛，拿绳子量一下，树干足有百尺粗，树梢高高耸立，在超过山巅七十尺的地方才开始分叉，它的木头造十多艘船出来绰绰有余。前来观看的人像赶集似的络绎不绝，一拨接着一拨，但石木匠却看都没看一眼，只顾着一直往前走。

他的小徒弟站在树旁看了好一阵子，看够了，就跑着追上石木匠说："先生，自打我跟随您学习木匠活以来，还从未见过这么漂亮的大树。可您却一眼都不瞧，就是闷头走，这是为什么呢？"

石木匠回答说："够了，以后别再跟我提这事！这不过就是一根没用的废料罢了。用它来做船一定会沉没；做棺材用不了几天就会腐烂；要是做日常的器皿根本不经用；要是拿来做房门，这种木头的树脂流失很快，到头来就会开裂变形；用这么不结实的木头拿做房柱，用不了多久就会被虫子咬断的，这是不成材的树。正是因为毫无用处，所以才能活这么久的。"

石木匠回到家以后，梦见栎树跟他说："你要拿什么东西跟我相比呢？你是不是想用所谓的"可用之木"来跟我相提并论？你看山楂、梨树、橘、柚这些果树，一旦果子成熟就会被打下来，不但打果子，枝干也跟着遭殃。大树枝被打断，小树杈被拽下来。它们就是因为能结出果子才受这般苦，所以大多数不能终享天年就中途夭折了，其实它们挨打受罪都是自找的。万事皆如此。而且我也是用了好久让自己变得'无用'的，想当初几乎被砍死！现如今已经悟出来，其实'无用'正是我的大用。假如我果真‘有用’了，还能如此枝繁叶茂么？从本质上说，你我皆‘物’，怎么可以这样以物观物呢？你不过是个浑浑噩噩的废物，又哪里知道什么才是真正没用的树呢！”

石木匠一醒来，就开始占卜这个梦。他的弟子说：“既然它追求的是‘无用’，还为什么要做供世人瞻仰的社神呢？”

石木匠说：“嘘，你给我闭嘴！它只不过是寻找一个寄托的名头罢了，却招致不知情的人的辱骂和伤害。如果它不充当这个社神，不是早晚都得被砍被伐吗？它保全自己的方法与众不同，用常理去理解，不就相差更远了么！”

南伯子綦曾在商丘一带游玩，看见了一棵特别大的树，简直叹为观止，足足能让上千辆四乘马车在大树阴里歇息。他说：“这是什么树？必定是一棵天生异质的树啊！”于是他仰头观看树上面那些相对来说较小的树杈，弯弯曲曲的，没法做栋梁；接着又低头看了看主干，树干旋转着生长，轴心出现裂纹，不能做棺椁；舔了一下它的叶子，嘴就溃烂受伤；贴到树干上使劲闻一闻它的气味，就会头晕目眩，三天三夜都醒不过来。子綦说：“果然是一棵不材之木，长得真大。唉，超脱于尘世之外的‘神人’，与这不成材的大树还真是有异曲同工之妙呀！”

◎ **和解**

1.《论语》：“子曰：君子不器。”

2. 树木与古代祭祀、神灵。

1)《史记·秦始皇本纪》："（始皇）上泰山，立石，封，祠祀。下，风雨暴至，休于树下，因封其树为五大夫。"2)《论语·八佾》："哀公问社于宰我，宰我对曰：'夏后氏以松，殷人以柏，周人以栗。'曰：'使民战栗。'" 3）北欧神话传说存在着世界之树，又被称为宇宙树，名为"尤克特拉希尔"，意思是"奥丁的马"，因为奥丁（北欧神话的主神）曾被吊到这棵树上，并用长枪扎伤了自己，由此发现了卢恩文字。奥丁把这个事件称为"骑马"，因此世界之树得名尤克特拉希尔。

3. 西方功利主义。功利主义在 18 世纪末与 19 世纪初期正式成为哲学系统，最初的倡导者是英国哲学家兼经济学家杰瑞米·边沁和约翰·史都华·米尔。它的基本原则是：如果某种行为有助于增进幸福，它就是正确的；如果它导致产生与幸福相反的东西，就是错误的。同时，这种幸福不仅涉及行为的当事人，也涉及受该行为影响的每个人。根据其应用方式，功利主义可以分为如下种类：情境功利主义，亦即"在此时此刻的情境下，做什么才能促进全体快乐值"；普遍功利主义，亦即"如果每个人都按照我现在遵守的道德律作出行为，这个世界会变成什么样子"；规则功利主义，亦即"哪些道德规范需要每个人都永远遵守，并能产生最大快乐值"。

4. 无用之大用。冯友兰先生曾感慨地说："现在，如果有人要我下哲学的定义，我就会用悖论的方式回答：哲学，特别是形而上学，是一门这样的知识，在其发展中，最终成为‘不知之知’。”

—— **宋有荆氏者，宜楸柏桑。其拱把而上者，求狙猴之杙者斩之；三围四围，求高名之丽者斩之；七围八围，贵人富商之家求椫（shàn）傍者斩之。故未终其天年而中道之夭于斧斤，此材之患也。故解之以牛之白颡者，与豚之亢鼻者，与人有痔病者，不可以适河。此皆巫祝以知之矣，所以为不祥也。此乃神人之所以为大祥也。**

**支离疏者，颐隐于脐，肩高于顶，会撮指天，五管在上，两髀为胁。挫针治繲，足以糊口；鼓筴播精，足以食十人。上征武士，则支离攘臂而游于其间；上有大役，则支离以有常疾不受功；上与病者粟，则受三钟与十束薪。夫支离其形者，犹足以养其身，终其天年，又况支离其德者乎！**

▲ 语译 - 宋国有个地方叫荆氏，适宜种植楸树、柏树和桑树。等到树干长到一把多粗的时候，养猴子的人就会砍回去做栓桩；等到树围有三四围粗的时候，稍有声望地位的人家想要盖房子，于是就被人砍走了；等树围长到七八围粗了，富商显贵热衷于用整个的板材做棺椁，到头来也免不了被砍去。所以这些树最终也没能终享天年，在半路遭遇了斧斤之祸，这就是材质有用的隐患。

戈蒂耶（1811—1872）

只有毫无用处的东西才是真正美的；所有有用的东西都是丑的，因为那是某种实际需要的表现，人的实际需要，正如人的可怜的畸形的天性一样，是卑污的、可厌的。

古人祈祷上苍降福消灾，送祭品去沉河的时候，总把白额的牛、高鼻子的猪和长了痔疮的人排除在外。巫师们都认为，这些人畜都是不祥之物。不过站在“神人”的角度来看，因为它可以保身，却正是世间最大的祥兆。

有个人长得形体支离不全，姑且叫他“支离疏”好了，他骨骼佝偻，下巴差点就弯到了肚脐上，双肩高耸着比头顶还高，头发朝天长。因为背是弯着的，所以五脏的腧穴都朝向后背，肋骨几乎快跟大腿贴到一起了。他给人缝洗衣服，自己糊口没问题；给别人簸米筛糠，养活十口人还能有点富余。国家征兵打仗，这个支离疏毫不在意，撸胳膊挽袖子在那走来走去也没人搭理他；国家强征徭役，支离疏会因身体残疾而免除；但如果国家向老弱伤残派发赈济粮，支离疏还能领到三钟粮食和十捆柴草。身体支离残疾的人，犹可养身糊口，以终天年，更何况那些故意支离自己德行的人呢！

◎ **和解**

1. 李康《运命论》：“木秀于林，风必摧之；堆出于岸，流必湍之；行高于人，众必非之。”

2. 河神祭祀。商代甲骨文中就有祭祀河水的记载，可见其时河已被神化。河伯名为冰夷、冯夷，在《山海经》《庄子》《楚辞》等中都有记载。《搜神记》中将冯夷当作溺死鬼，被天帝封为河伯，纬书《龙鱼河图》则说河伯名叫吕公子，冯夷为河伯夫人的名字。魏晋之后，河伯逐渐被纳入道教神仙体系中，认为是得道成仙之人。唐代之后，随着佛教龙王信仰的流传，中土的江河湖海逐渐被印度传来的龙王所取代，逢水必有龙王，黄河也成了龙王的地盘，而河伯的地位则逐渐式微，渐渐被人遗忘。荷马史诗《伊利亚特》中也有关于河神和祭祀河神的记载："（阿喀琉斯说）我要统统将你们杀死，/ 即使这条水流湍急的银色河流也救不了你们，/ 虽然你们曾向河神献祭过无数的牛羊和骏马。/ 你们必须血债血偿，竟然 / 在我未参战的时候，杀死了帕特罗克洛斯，/ 还在众多的海船边，杀死了无数的阿开奥斯人。"听罢，河神勃然大怒，心中盘算怎样才能止住阿喀琉斯的血腥屠杀，拯救可怜的阿开奥斯人。

3. 王国维《孔子之美育主义》："我中国非美术之国也。一切学业，以利用之大宗旨贯注之。治一学，必质其有用与否；为一事，必问其有益与否。美之为物，为世人所不顾久矣！……庸讵知无用之用，有胜于有用之用者乎？"

4. 戈蒂耶《莫斑小姐》序："只有毫无用处的东西才是真正美的；所有有用的东西都是丑的，因为那是某种实际需要的表现，人的实际需要，正如人的可怜的畸形的天性一样，是卑污的、可厌的。"

—— **孔子适楚，楚狂接舆游其门曰："凤兮凤兮，何如德**

**之衰也？来世不可待，往世不可追也。天下有道，圣人成焉；天下无道，圣人生焉。方今之时，仅免刑焉！福轻乎羽，莫之知载；祸重乎地，莫之知避。已乎，已乎！临人以德。殆乎，殆乎！画地而趋。迷阳迷阳，无伤吾行。郤曲郤曲，无伤吾足。”**

**山木，自寇也；膏火，自煎也。桂可食，故伐之；漆可用，故割之。人皆知有用之用，而莫知无用之用也。**

▲ 语译 - 当初孔子到楚国，楚国的狂人接舆有意在孔子门前大声唱歌：“凤呀、凤呀！你的德行为什么这么衰！来世我真等不着，往世我也追不了。天底下行大道，圣人有为立功劳；天底下无大道，圣人碌碌活到老。今天这个时代，不受刑戮就挺好！幸福比羽毛还轻，而不知道怎么取得；祸患比大地还重，而不知道怎么回避。算了吧，算了吧！人前显德不着调。危殆哟、危殆哟！画地指路反成牢。荆棘啊，荆棘啊！不要妨碍我行走。弯弯曲曲的道路啊，不要刺伤我的脚。”

山上的树木皆因材质可用而被砍伐，油膏受火灼烧，因为易燃而招致煎熬。桂皮可以食用，于是桂树被砍伐；漆树能够产漆，就难免被刀子割来割去。世人都知道“有用之用”，却不懂得“无用之用”才是大用。

◎ **和解**

1. 成语“山木自寇”“膏火自煎”的出处。

2. 王维《辋川闲居赠裴秀才迪》：“复值接舆醉，狂歌五柳前。”

3. 李白《庐山谣寄卢侍御虚舟》：“我本楚狂人，凤歌笑孔丘。”

4. 陈子昂的名篇《登幽州台歌》：“前不见古人，后不见来者。念天地之悠悠，独怆然而涕下”，前两句当由“来世不可待，往世不可追也”化用而来。

5. 海德格尔《诗人何为》：“世界黑夜愈是趋近夜半，贫困就愈是隐匿其本质，愈是占据了更绝对的统治。不光是神圣作为通往神性的踪迹消失了，甚至那些导向这一消失了的踪迹的踪迹也几乎消失殆尽了。”

6. 凤凰。凤凰的起源大约在新石器时代，原始社会彩陶上的很多鸟纹都具有凤凰的雏形，距今约7400年的湖南洪江高庙文化遗址中出土的白色陶罐中，据考古专家鉴定，其颈部和肩部的神鸟图案就是凤凰，这是迄今为止我国发现的最早凤凰图案。而对于凤鸟的最早记载，则出现在《尚书·益稷》篇中，书中有“萧韶九成，凤皇来仪”的文字。

# 德充符第五

**—— 鲁有兀者王骀，从之游者与仲尼相若。常季问于仲尼曰：“王骀，兀者也，从之游者与夫子中分鲁。立不教，坐不议，虚而往，实而归。固有不言之教，无形而心成者邪？是何人也？”**

**仲尼曰：“夫子，圣人也，丘也直后而未往耳！丘将以为师，而况不若丘者乎！奚假鲁国，丘将引天下而与从之。”**

▲ 语译 - 鲁国有个被砍掉一只脚的王骀，跟随他游学的人跟孔子的弟子几乎一样多。常季为此很疑惑，就去问孔子：“王骀只不过是一个被砍掉脚的人，但是弟子的数量却跟先生您旗鼓相当，几乎与您平分了整个鲁国。他既不站着施教传授，也不坐着议事论世，但登门求教的人却能虚怀而来，满载而归。难道真的存在不依赖言表的教诲，仅仅靠潜移默化就能使人心领神会，并因此内心趋于完善的么？这是什么样的人呢？”

孔子说：“王骀先生，是位大圣人。孔丘我，无论学识品行都要远远落后于他，只是我尚未前去登门求教罢了！孔丘我将王骀引以为师，更何况那些还不如孔丘的人呢！何止鲁国，我更要引领天下之人都追随他学习。”

◎ **和解**

1. 成语“不言之教”的出处。

2.《世说新语·德行》：“谢公夫人教儿，问太傅：‘那得初不见君教儿？’答曰：‘我常自教儿。’”

3. 维特根斯坦《经验与自然》：“存在的直接性是不可言传的，但是这个不可言传的情况丝毫没有任何神秘的地方：它只是表达了这样一个事实，即：关于直接的存在我们既毋庸对自己说些什么，也无法对别人说些什么。”

**——常季曰：“彼兀者也，而王先生，其与庸亦远矣。若然者，其用心也，独若之何？”**

**仲尼曰：“死生亦大矣，而不得与之变；虽天地覆坠，亦将不与之遗；审乎无假而不与物迁，命物之化而守其宗也。”**

**常季曰：“何谓也？”**

**仲尼曰：“自其异者视之，肝胆楚越也；自其同者视之，万物皆一也。夫若然者，且不知耳目之所宜，而游心乎德之和。物，视其所一而不见其所丧，视丧其足犹遗土也。”**

**常季曰："彼为己，以其知得其心，以其心得其常心。物何为最之哉？"**

**仲尼曰："人莫鉴于流水而鉴于止水，唯止能止众止。受命于地，唯松柏独也正，在冬夏青青；受命于天，唯尧、舜独也正，在万物之首。幸能正生，以正众生。夫保始之征，不惧之实，勇士一人，雄入于九军。将求名而能自要者而犹若是，而况官天地、府万物、直寓六骸、象耳目、一知之所知而心未尝死者乎！彼且择日而登假，人则从是也。彼且何肯以物为事乎！"**

▲ 语译 - 常季说："他是一个断了脚的人，但连先生都对他高山仰止，可想而知，普通人就与他相差得更远了。像他这样的人，又是如何运用心智使自己与众不同的呢？"

孔子说："于人而言，生死都是非常重要的事情，而对他而言，恰恰不为所动；即使翻天覆地，也不会因此毁丧心志；他内心通晓无所依凭且不随物变迁的奥妙，听命事物变迁却能固守自己的本心。"

常季说："您说的是什么意思呢？"

孔子说："从事物间相异的那一面去看，就好比国土相连的楚越两国，即使如同肝胆相邻也水火不容；从事物间相同的那一面去看，万事万物又皆为同一。就好比说他这个人，连最起码的耳目声色之适都不去追求，只是放任内心自由自在地遨游在与道

萨特（1905—1980）

我把死神紧紧地缠在荣耀这块裹尸布里，我不再考虑死亡而仅仅惦记着荣耀，我没有意识到这两者是同一回事。

德相宜和谐的境界里。对待万物，只需了解它们本质相同就不会觉得失去过什么，所以即使看待失去的那只脚，也跟看待掉落的土块一样。”

常季说：“对王骀而言，他只是运用智慧修缮内心，再通过所修之心才能追求到随物而化的永恒心志。仅此而已，怎么还会有那么多人聚集起来追随他呢？”

孔子说：“人们用水面当镜子，没有谁会去照流水，都是去照静止的水，这是因为只有静止的东西才能使万物都静止下来。所有的树木都生于大地，但只有松、柏最为傲岸挺直，无论冬夏都郁郁青青；每个人的命都是老天给的，但只有尧、舜的德行最为端正，到了能统辖万物的境界。幸而他们都善于端正自己的品性，于是就能端正众人的德行。所以说，人无所畏惧的本源正是保全住自己的本心真性，因此勇士才敢于只身一人，冲杀称雄于千军万马之中。一心追名逐利而自我彰显能力之人尚且如此，何况那主宰天地，包藏万物，只将躯体当作寓所，将耳目当作外表的圣人呢，他们只要稍微动一动心智就能掌握所有智慧，他们的内心也从未衰竭濒死！圣人迟早都会选好时间超凡入圣的，同时普通人也必将虔诚追随。又如何肯把聚集弟子当作要务呢！”

◎ **和解**

1.《卡夫卡口述》：“谁充分理解了生活，谁就不怕死亡。害怕死亡是生活不充实的结果。”

2. 萨特《他人就是地狱》：“我把死神紧紧地缠在荣耀这块裹

尸布里，我不再考虑死亡而仅仅惦记着荣耀，我没有意识到这两者是同一回事。”

3. 鲍桑葵：“附加在严重畸形的面部或身材上的精神表现力，的确有某种魅力。”

4.《罗丹艺术论》：“自然中认为丑的，往往要比那认为美的更显露出它的‘性格’，因为内在真实在愁苦的病容上，在皱蹙秽恶的瘦脸上，在各种畸形与残缺上，比在正常健全的相貌上更加明显地呈现出来。既然只有‘性格’的力量才能造成艺术的美，所以常有这样的事：在自然中越是丑的，在艺术中越是美。”

5. 苏轼《赤壁赋》中的“盖将自其变者而观之，则天地曾不能以一瞬；自其不变者而观之，则物与我皆无尽也，而又何羡乎”之语，明显是由此文中的“自其异者视之”句化来。

6. 章太炎《国学讲演录》：“《德充符》言形骸之不足宝，故以兀者王骀发论，至谓王骀之徒与孔子中分鲁国，则其事有无不可知矣。中有二语，含意最深，自来不得其解，曰：‘以其知，得其心；以其心，得其常心。’余谓此王骀之绝诣也。知者，佛法所谓意识；心者，佛法所谓阿赖耶。阿赖耶恒转如瀑流，而真如心则无变动。常心者，真如心之谓。以止观求阿赖耶，所得犹假；直接以阿赖耶求真如心，所得乃真。此等语与佛法无丝毫之异。世间最高之语，尽于此矣。”

——申徒嘉，兀者也，而与郑子产同师于伯昏无人。子产谓申徒嘉曰：“我先出则子止，子先出则我止。”其明日，又与合堂同席而坐。子产谓申徒嘉曰：“我先出则子止，子先出则我止。今我将出，子可以止乎？其未邪？且子见执政而不违，子齐执政乎？”

申徒嘉曰：“先生之门，固有执政焉如此哉？子而悦子之执政而后人者也。闻之曰：‘鉴明则尘垢不止，止则不明也。久与贤人处则无过。’今子之所取大者，先生也，而犹出言若是，不亦过乎？”

子产曰：“子既若是矣，犹与尧争善。计子之德，不足以自反邪？”

申徒嘉曰：“自状其过，以不当亡者众；不状其过，以不当存者寡。知不可奈何而安之若命，唯有德者能之。游于羿之彀（gòu）中。中央者，中地也；然而不中者，命也。人以其全足笑吾不全足者多矣，我怫然而怒，而适先生之所，则废然而反。不知先生之洗我以善邪，吾之自寤邪！吾与夫子游十九年矣，而未尝知吾兀者也。今子与我游于形骸之内，而子索我于形骸之外，不亦过乎！”

子产蹴然改容更貌曰：“子无乃称！”

▲ 语译 - 申徒嘉是一个被砍掉一只脚的人，他跟郑国的子产都拜在伯昏无人门下学习。有一天，子产对申徒嘉说：“如果我先行

出去就请你留下，要是你先出去了那我就留下来好了。”到了第二天，子产和申徒嘉同堂合坐在同一块席子上。子产又对申徒嘉强调了一遍：“我先出则你留下，你先出则我留下。我现在打算出去，你可以留下吗？还是不情愿留下了？更何况在我这样执政的官员面前，你也不知道回避，你可是想与执政平起平坐？”

申徒嘉说：“作为伯昏无人先生的弟子，怎么还有如此当执政的呢？你津津乐道于自己执政的身份，是为贬损别人么？我听说过一句话：‘明亮的镜子不落灰，落灰的镜子不明亮。总与贤人相处就不会犯错。’现如今，您跟随先生学习大道，竟然还能说出这样的话，难道不算是犯错吗！”

子产说：“你已然是个刑余之人，却还一心想与尧争善。我劝你好好估量估量自己的德行，受到刖足之刑难道还不足以敦促你反省么？”

申徒嘉说：“如果是为自己所犯的错辩解和陈说，就会有很多人自认不该受残身之刑；然而不为自己所犯的过错辩解或陈述，并且认为自己不该全身而退的人却很少。懂得人生本就是一个无可奈何的过程，看待生命时运能够泰然自若的，也只有道德高深的人才能做到。在后羿张弓放箭的射程内，中央是最容易中靶的地方；如若没中，这就是所谓的‘命’。有很多人因为双脚完整，就来笑话我残缺不全，我也常常陡然变色，勃然而怒；不过只要来到伯昏无人先生的居所，我便能怒气全无，恢复常态。先生到底用了什么样的善来洗刷我的心灵呢？还是我自己悟出了生命的真谛。我跟随了先生十九年，可一直都有种感觉，先生似乎未曾觉得我是个被砍断了脚的人。现如今你我以心相交，但你却以貌取我，这难道不也是过错么！”

听了申徒嘉这席话，子产的神色一下子就变得恭敬礼让起来，十分惭愧地说：“唉，请您不要继续说下去了！”

◎ **和解**

1. 成语“安之若命”的出处。

2. 久与贤人处则无过。《孔子家语·六本》“与善人居，如入兰芷之室，久而不闻其香，则与之化矣；与恶人居，如入鲍鱼之肆，久而不闻其臭，亦与之化矣。”

3. 知不可奈何而安之若命。斯宾诺莎《伦理学》：“心灵理解到万物的必然性，理解的范围有多大，它就在多大的范围内有更大的力量控制后果，而不为它们受苦。”

—— **鲁有兀者叔山无趾，踵见仲尼。仲尼曰：“子不谨，前既犯患若是矣。虽今来，何及矣！”**

**无趾曰：“吾唯不知务而轻用吾身，吾是以亡足。今吾来也，犹有尊足者存，吾是以务全之也。夫天无不覆，地无不载，吾以夫子为天地，安知夫子之犹若是也！”**

**孔子曰：“丘则陋矣！夫子胡不入乎？请讲以所闻。”**

**无趾出。孔子曰：“弟子勉之！夫无趾，兀者也，犹**

**务学以复补前行之恶，而况全德之人乎！”**

**无趾语老聃曰：“孔丘之于至人，其未邪？彼何宾宾以学子为？彼且蕲以諔（chù）诡幻怪之名闻，不知至人之以是为己桎梏邪？”**

**老聃曰：“胡不直使彼以死生为一条，以可不可为一贯者，解其桎梏，其可乎？”**

**无趾曰：“天刑之，安可解！”**

▲ 语译 - 鲁国有一个被砍断脚趾的人名叫叔山无趾，有一天，他用脚跟走去拜见孔子。孔子责备他说：“你也太不小心了，正因如此早先才会犯下过错以至于像今天这样。即使今天你来到了我这里，又哪里来得及补救呀！”

叔山无趾说：“我只因不识时务而轻率作践自身，所以才失去了脚趾。如今我到这里，心中依然存有比双脚更为可贵的东西，我想竭尽全力保全它。天无所不覆，地也无所不载，我视先生为天地，何曾想先生居然是这样的人！”

孔子说：“孔丘我实在浅薄。先生您为何不进来呢？请您把所知的道理都好好讲一讲。”

但是叔山无趾却转身走了。于是，孔子就对弟子们说：“你们要努力啊！叔山无趾尽管是个断了脚趾的人，还仍然努力进学以补救曾经犯下的错，更何况你们这些品德和身体都没有缺欠的人呢！”

叔山无趾对老子说："孔丘道德修养的境界距离至人，恐怕还差得远吧？他为何不厌其烦地总来向您讨教呢？他还在寻求以那些名目繁多奇异纷繁的虚名远播在外么，难道不知道至人把这些都看成是束缚自己的枷锁吗？"

老子说："你为什么不教给他生与死为一致，可与不可为同一的道理，解开其枷锁，这样总该可以了吧？"

叔山无趾说："孔子先天造就的根器如此，怎么可能说解脱就解脱了呢！"

◎ **和解**

1. 苏轼《题西林壁》："横看成岭侧成峰，远近高低各不同。不识庐山真面目，只缘身在此山中。"
2. 毛姆《人生的枷锁》："倘若一个人不得不相信其行动是不由自主的，那么，他也可以以同样的观点来看待其人生，人生也不过是一种格局而已。生活还有别的样式的格局，这些格局虽杂乱无章，却是妙不可言，幸福从未涉足其间，人们也不追逐功名，但从中可以感觉到更加乱人心思的雅趣。"

—— **鲁哀公问于仲尼曰："卫有恶人焉，曰哀骀它。丈夫与之处者，思而不能去也；妇人见之，请于父母曰'与为人妻，宁为夫子妾'者，十数而未止也。未尝有闻其唱者也，常和人而已矣。无君人之位以济乎人之死，无聚禄以**

毛姆（1874—1965）

倘若一个人不得不相信其行动是不由自主的，那么，他也可以以同样的观点来看待其人生，人生也不过是一种格局而已。

望人之腹，又以恶骇天下，和而不唱，知不出乎四域，且而雌雄合乎前，是必有异乎人者也。寡人召而观之，果以恶骇天下。与寡人处，不至以月数，而寡人有意乎其为人也；不至乎期年，而寡人信之。国无宰，寡人传国焉。闷然而后应，氾然而若辞。寡人丑乎，卒授之国。无几何也，去寡人而行。寡人恤焉若有亡也，若无与乐是国也。是何人者也！”

仲尼曰：“丘也尝使于楚矣，适见㹠子食于其死母者。少焉眴若，皆弃之而走。不见己焉尔，不得类焉尔。所爱其母者，非爱其形也，爱使其形者也。战而死者，其人之葬也不以翣资；刖者之屦，无为爱之。皆无其本矣。为天子之诸御，不爪翦，不穿耳；取妻者止于外，不得复使。形全犹足以为尔，而况全德之人乎！今哀骀它未言而信，无功而亲，使人授己国，唯恐其不受也，是必才全而德不形者也。”

哀公曰：“何谓才全？”

仲尼曰：“死生、存亡、穷达、贫富、贤与不肖、毁誉、饥渴、寒暑，是事之变，命之行也。日夜相代乎前，而知不能规乎其始者也。故不足以滑和，不可入于灵府。使之和豫通而不失于兑，使日夜无隙而与物为春，是接而生时于心者也。是之谓才全。”

**“何谓德不形？”**

**曰：“平者，水停之盛也。其可以为法也，内保之而外不荡也。德者，成和之修也。德不形者，物不能离也。”**

**哀公异日以告闵子曰：“始也吾以南面而君天下，执民之纪而忧其死，吾自以为至通矣。今吾闻至人之言，恐吾无其实，轻用吾身而亡吾国。吾与孔丘，非君臣也，德友而已矣！”**

▲ 语译 - 鲁哀公问孔子说：“卫国有个丑八怪，叫哀骀它。男人跟他相处，会十分融洽，甚至因思念他而不愿意离去；女人看到他，就会颠颠地跑去向父母请命，说：‘与其给别人做妻，不如给哀骀它先生做妾。’这样的女人不止十几个。从来没听过哀骀它主动倡导什么，只是常常附和别人。他未曾像君主那样救人于危亡之际，也没有聚敛财物以满足别人的口腹之欲，何况凭他的丑陋能把天下人都吓到，而且只是和而不倡，他的见地更超不过他生活的那一小块地方的范围，然而但凡接触过他的人，无论是男是女都乐于与他亲近。寡人思量，此人定有不同于常人之处。随即就召见了他，果然相貌奇丑无比。但是，与他相处了还不到一个月，寡人便对他的为人有所了解；不到一年，寡人就已经十分信任他了。适逢当时国家没有主持政务的官员，寡人就将国事委托于他。他回应得十分淡漠，态度漫不经心，似乎有意推辞。但是，寡人因为深感自愧不如，最终还是把国事交给了他。而没过多久，他就离寡人而去。他走后，寡人心中十分忧伤，好似失

去了什么，有如举国之内再没有人能与我同乐了。这该是一个怎样的人呀！”

孔子说：“孔丘我也曾出使过楚国，路上恰好看见一群小猪趴在刚死去的母猪身上吃奶，但不一会都惊慌地丢弃母猪四散奔逃了。因为它们已然在死猪的身上看不到同类的迹象，更感受不到同类的气息了。小猪爱母猪，并不是爱母猪的形体，而是爱支配母猪形体的精神。战死沙场之人，埋葬时棺材上无须加以装饰；受过刖刑之人也再没有理由去爱惜鞋子，这些都是因为已经失去了根本。给天子做宫女，不剪指甲也不穿耳眼；娶妻的内侍不能再进宫，不得再为役使。为保全形体尚且能够做到这一点，更何况德行完美的高尚之人呢！如今哀骀它不用说话就能取信于人，没有功绩也使人乐于亲近，让人心甘情愿把国事交给他，还唯恐他不接受，因而一定是个才智完备而且德不外露的人。”

鲁哀公说：“如此说来，什么样的人才可以称得上是才智完备呢？”

孔子说：“死生与存亡、穷达与贫富、贤能与不肖、诋毁与称誉、饥渴与寒暑，此皆事物之变化，天命之运行。这些变化昼夜不停地在我们面前交相更替，但是以人的智慧却不能揣测到它们的起始。因而它们都不能扰乱我们本性的纯和，更无法侵入我们内心的本真。做人应该努力使心灵平和安适通畅，而不失怡悦。要使自己随着昼夜交替而无所间断，与万物融会勃发出春天般的生机，这样便会接触外物而内心萌生顺应四时的品性。这样就可以称得上才智完备了。”

布封（1707—1788）

《自然史·马》：这天生就是一种舍己从人的动物，它甚至于会迎合别人的心意，它用动作的敏捷和准确来表达和执行别人的意旨……

鲁哀公说："那么德不外露又指的是什么呢？"

孔子说："均平，乃是水静止时的极致。我们可以效法它，让内心保藏蕴蓄而不溢于言表。所谓的德，就是做事成功且与万物顺和的极高修养。若德不外露，外物也就自然归附而无法离去。"

鲁哀公在某一天告诉闵子："想当初我以国君的地位治理天下，执掌管理百姓的纲纪，并为其死活担心忧虑，自以为非常明达了。现如今我听到了可以称得上是至人的话，就唯恐我没有实际的德行，进而轻率作践自身而致使国家危亡。我与孔丘并非君臣，而是以德相交的好朋友呀！"

◎ **和解**

1. 黑格尔："孔子只是个实际的世间智者，在他那里思辨的哲学丝毫都没有——只有些善良的、老练的、道德的教训，从里面我们不能获得什么特殊的东西。"
2. 布封《自然史·马》："这天生就是一种舍己从人的动物，它甚至于会迎合别人的心意，它用动作的敏捷和准确来表达和执行别人的意旨，人家希望它感觉到多少它就能感觉到多少，它所表现出来的总是在恰如人愿的程度上；因为它无保留地贡献着自己，所以它不拒绝任何使命，所以它尽一切力量来为人服务，它还要超出自己的力量，甚至于舍弃生命以求服从得更好。"

3. 培根《论美》："形体之美要胜于颜色之美，优雅行为之美又胜于形体之美。"

4. 圣埃克苏佩里《小王子》："真正美好的东西是肉眼所不能见的。"

5. 钱穆《论语新解》："'死生存亡不可入于灵府'之语，即《论语》所谓死生有命，富贵在天也。孔子又常云：'知者不惑，仁者不忧，勇者不惧。不知命，无以为君子。'此在孔子意，亦惟有知命，始能不惑不忧不惧，所谓尽其在我也。而庄子之意，甚与相近。故《庄子·德充符》屡引仲尼遗言，大抵庄子理想中的德充于内之人，其大体段则仍是承袭孔子思想而来。"

——**闉（yīn）跂支离无脤说卫灵公，灵公说之，而视全人，其脰（dòu）肩肩。瓮㼜大瘿（yǐng）说齐桓公，桓公说之，而视全人，其脰肩肩。故德有所长而形有所忘。人不忘其所忘，而忘其所不忘，此谓诚忘。**

**故圣人有所游，而知为孽，约为胶，德为接，工为商。圣人不谋，恶用知？不斫，恶用胶？无丧，恶用德？不货，恶用商？四者，天鬻也。天鬻者，天食也。既受食于天，又恶用人！有人之形，无人之情。有人之形，故群于人；无人之情，故是非不得于身。眇乎小哉，所以属于人也；謷乎大哉，独成其天。**

▲ 语译 - 有个跛脚、佝偻并且无嘴唇的人曾去游说卫灵公，卫灵公非常喜欢他；等回过头来再看那些身体完好的人，就觉得他们的脖子实在太细太细了。还有一个颈瘤大如盆子的人游说过齐桓公，齐桓公同样也很喜欢他；等回过头再看那些身体完好的人，也同样觉得他们的脖子实在是太细太细了。所以，当德行超出常人时，就算形体上有缺陷，也都会被人忘掉。而相反，人没忘掉该忘的，反而忘掉了不该忘的，这才称得上是真正的“忘”。

所以圣人都能放任自游，对圣人而言，智慧是祸孽，盟约是桎梏，小恩小惠是应酬，工巧则是买卖牟利的伎俩。圣人从不谋虑，哪里用得着智慧？圣人从不结党以打压他人，哪里用得着盟约？圣人从不会觉得有所缺失，哪里用得着树立德行来结交世人？圣人从不货殖敛财，哪里用得着以经商来牟利？圣人对待这四种情形的态度，就是所谓的“天养”，天养也就是禀受自然的恩赐，为自然所抚育。既然被自然所抚育，又哪里用得着人为！

秉承人的外形体貌，而摒除那些俗世的情感。有了人的形体，才能寓身人群之中；没有俗世的情感，就不会惹上那么多的是是非非。若说圣人微小到渺然，那是因为禀赋了人的形体，混同于人群之中；若说圣人伟大至傲岸，那是因为唯独只有他们才能和同于天道运行的规律。

◎ **和解**

1. 欧阳修《梅圣俞寄银杏》：“鹅毛赠千里，所重以其人。”

2. 知为孽。余英时《反智论与中国政治传统》：“道家尚自然而轻文化，对于智性以及知识本不看重。但老、庄两家同中亦复有异：庄子对政治不感兴趣，确是主张政府越少干涉人民生活越好的那种‘无为主义’。他以‘堕肢体，黜聪明，离形去智’为‘坐忘’，这显是反智性的。他又说：‘庸讵知吾所谓知之非不知邪？庸讵知吾所谓不知之非知邪？’，这便陷入一种相对主义的不可知论中去了。但是他在‘不知’之外又说‘知’，则仍未全弃‘知’，不过要超越‘知’罢了。所以庄子的基本立场可以说是‘超越的反智论’（transcendental anti-intellectualism）。而且庄子也并未将他的超越的反智论运用到政治思想方面。因此我们可以说，庄子的思想对此后政治上的反智传统并无直接的影响。而老子则不然。《老子》书中可以说是以政治思想为主体的，和《庄子》之基本上为一部人生哲学的作品截然异致。老子讲‘无为而无不为’，事实上他的重点却在‘无不为’，不过托之于‘无为’的外貌而已。故道家的反智论影响及于政治必须以老子为始作俑者。老子的反智言论中有很多是直接针对着政治而发的。”

3. 辞书对“神秘主义”的定义是：“通过从外部世界返回到内心，在静观、沉思或者迷狂的心理状态中与神或者某种最高原则结合，或者消融在它之中。”

**惠子谓庄子曰：“人故无情乎？”**

**庄子曰：“然。”**

**惠子曰："人而无情，何以谓之人？"**

**庄子曰："道与之貌，天与之形，恶得不谓之人？"**

**惠子曰："既谓之人，恶得无情？"**

**庄子曰："是非，吾所谓情也。吾所谓无情者，言人之不以好恶内伤其身，常因自然而不益生也。"**

**惠子曰："不益生，何以有其身？"**

**庄子曰："道与之貌，天与之形，无以好恶内伤其身。今子外乎子之神，劳乎子之精，倚树而吟，据槁梧而瞑。天选子之形，子以坚白鸣。"**

▲ 语译 - 惠子对庄子说："人本来就是没有感情的么？"

庄子回答说："是的"。

惠子说："没有情感，如何还能称得上是人？"

庄子说："大道赋予人容貌，上天赋予人形体，如何不能称作人？"

惠子说："既然是人，又怎会无情？"

庄子说："这个可不是我所说的情。我说的无情，指的是人不因喜好厌恶，而伤及自己内心的本性，只需一直顺应自然，不去琢磨什么延年益寿的养生方法。"

惠子说："不好好养生，那又该如何保全自己呢？"

庄子说："大道赋予人容貌，上天赋予人形体，就不要因为

冯友兰（1895—1990）

圣人不是无情，而是有情而不为情所累。道家以有情为累，以无情为无累。王弼以有情而为情所累为累，以有情而不为情所累为无累。

喜好和厌恶而伤及本心了。就好比现在，您外露心神，耗费精力，倚着大树夸夸其谈，靠着干枯的梧桐树打瞌睡。本来上天给了你完好形体，而老兄你却用它去宣扬所谓‘坚白’那套说辞，并且还自鸣得意！”

◎ 和解

1. 人之本质。《荀子·王制》：“（人）力不若牛，走不若马，而牛马为用，何也？曰：人能群，彼不能群也。”

2. 卡西尔：“我们可以概括苏格拉底的思想说，他把人定义为：人是一个对理性问题能给予理性回答的存在。人的知识和道德都包含在这种循环的问答活动中。正是依靠这种基本的能力——对自己和他人作出回答的能力，人成为一个‘有责任的’存在物，成为一个道德主体。”

3. 圣人无情。冯友兰：“圣人不是无情，而是有情而不为情所累。道家以有情为累，以无情为无累。王弼以有情而为情所累为累，以有情而不为情所累为无累。”

4.《世说新语·伤逝》：“圣人忘情，最下不及情；情之所钟，正在我辈。”

5. 汤用彤：“圣人无情乃汉魏间流行学说应有之结论，而为当时名士之通说（故王弼之说实为立异），圣人无情之说，盖出于圣德法天。此所谓天乃谓自然，而非有意志之天。夫天何言哉，圣人为人伦之至，自则天之德，圣人得时在位，则与寒暑同其变化，而未尝有心于宽猛，与四时同其推移，而未有心于喜怒。不言而民信，不怒而民威。圣人不在其位，固亦用之则行，舍之则止，与时消息，亦无哀怨。”

6. 威廉·詹姆斯：“两种接受世界的方式，宗教比哲学较为热烈。宗教能克服不快乐。在宗教内，感情是首要的，哲学居于次要地位。”

# 大宗师第六

—— **知天之所为，知人之所为者，至矣！知天之所为者，天而生也；知人之所为者，以其知之所知，以养其知之所不知，终其天年而不中道夭者，是知之盛也。虽然，有患。夫知有所待而后当，其所待者特未定也。庸讵知吾所谓天之非人乎？所谓人之非天乎？且有真人而后有真知。**

▲ 语译 - 知道何为自然，并且知道人类的主观所为，就是认识的最高境界。知道何为自然之理，便懂得了万物皆自然而生的道理；知道人类的主观所为，这是用人类智力所能知道的道理，就可以用所知去弥补智慧的不足，便可以颐养天年而不至于中道夭折，这乃是智慧的极致。但即使这样，也还是存有问题的，因为知识必须有所根据才能检验正误，而所根据的对象却是变化不定的。又怎么能知道我所说的“天”不属于“人”的范畴，又怎么知道我所说的“人”不同于“天”呢？这些事情也只有“真人”才知道真相。

◎ **和解**

朱熹《四书集注》："所谓致知在格物者，言欲致吾之知，在即物而穷理也。盖人心之灵莫不有知，而天下之物莫不有理。惟于理有未穷，故其知有不尽也。是以大学始教，必使学者即凡天下之物，莫不因其已知之理而益穷之，以求至乎其极。至于用力之久，而一旦豁然贯通焉，则众物之表里精粗无不到，而吾心之全体大用无不明矣。此谓物格，此谓知之至也。"

——**何谓真人？古之真人，不逆寡，不雄成，不谟士。若然者，过而弗悔，当而不自得也。若然者，登高不慄，入水不濡，入火不热，是知之能登假于道者也若此。**

**古之真人，其寝不梦，其觉无忧，其食不甘，其息深深。真人之息以踵，众人之息以喉。屈服者，其嗌言若哇。其耆欲深者，其天机浅。**

**古之真人，不知说生，不知恶死。其出不䜣，其入不距。翛然而往，翛然而来而已矣。不忘其所始，不求其所终。受而喜之，忘而复之。是之谓不以心捐道，不以人助天，是之谓真人。**

**若然者，其心忘，其容寂，其颡（sǎng）頯（kuí）。凄然似秋，暖然似春，喜怒通四时，与物有宜而莫知其极。故圣人之用兵也，亡国而不失人心；利泽施乎万世，不为爱人。**

**故乐通物，非圣人也；有亲，非仁也；天时，非贤也；利害不通，非君子也；行名失己，非士也；亡身不真，非役人也。若狐不偕、务光、伯夷、叔齐、箕子、胥馀、纪他、申徒狄，是役人之役，适人之适，而不自适其适者也。**

▲ 语译 - 什么叫作“真人”？古代的“真人”，不欺凌弱寡，不恃功称雄，也不去充当谋士。这样的人，做事有所过失但不会后悔，恰到好处也不会自鸣得意。这样的人，登高不会战栗，入水中不会浸湿，置身火中也不会觉得灼热，也只有拥有如此智慧的人才能登临大道之中。

古代的“真人”，他们睡觉时不会做梦，醒来以后也不忧愁，他们不追求食物甘美，但是呼吸时却气息深厚。“真人”在呼吸时，力自脚根，而普通人则力自喉头。在争辩中被人屈服时，看上去就像被捏住了喉咙一样。所以有较深嗜欲的普通人，天资都比较浅薄。

古代的“真人”，不悦生，也不恶死。既不欣喜出生，也不抗拒入死。在他们看来，生死不过是无拘无束地离开，又自由自在地回来而已。不忘自己出身何处，也不规定自己身向何方。对生命中所有的际遇欣然接受，对所有的经历都全盘忘记，最终归复到本初的样子。所谓的心中存有大道，不妄图以人力改造自然，这就是“真人”。

像这样的真人，心怀志趣，但是外表安寂，额头宽大恢宏。凄冷肃杀时如同秋天，生机焕发时又好比春天，喜怒哀乐与四时

弥尔顿（1608—1674）

……只要/加上与你的知识相称的作为/加上信仰、德行、忍耐、节制/再加上爱，就是那叫作‘博爱’的，它是其他一切的灵魂……

相通，更能适应外物的千变万化，于是人们就无法窥测到真人们的极限。因而古代的圣人即使以武力灭掉敌国也不会失掉民心。广施恩泽，利于千秋万代，也顺应于自然，并非源于爱人之心。所以乐于对外交往的，就不算是圣人；有所偏爱，算不得是“仁”；伺机而动，就算不得是“贤”；把利害区分得十分清楚，却看不出二者本质相通的，更算不上是“君子”；做事求名而忽视本心，也不算是“士”；伤身殒命导致失去本真的，就不可役使他人。像狐不偕、务光、伯夷、叔齐、箕子、胥馀、纪他、申徒狄这些人，都是被人所奴役，使人安适，而不是以自己的快意为快意。

## ◎ 和解

1. 弥尔顿《失乐园》：“……只要 / 加上与你的知识相称的作为 / 加上信仰、德行、忍耐、节制 / 再加上爱，就是那叫作‘博爱’的，它是其他一切的灵魂 / 这样，你就不会不愿离开 / 这乐园，而在你内心 / 将拥有一个远更幸福的乐园。”

2. 马克斯·韦伯《新教伦理与资本主义精神》：“早在中世纪，甚至在古代的某些形式中，禁欲主义在其西方的最高形式里便有某种明确的理性特征……修行生活已从无计划的来世性和荒谬的自我折磨中解放了出来。修行生活发展为一套合乎理性的行为的有系统的方法，目的是克服‘自然状态’，使人摆脱非理性的冲动的影响，摆脱对外界和自然的依赖。”

3. 真人之息以踵。孙思邈《千金要方》："斯须即觉元气达于气海，须臾则自达于涌泉，则觉身体振动，两脚蜷曲，亦令床坐有声，拉拉然，则名一通⋯⋯五年十岁，长存不忘，得满千万通，则去仙不远矣。"

4. 后世道家根据庄子的话总结出"踵息"一词，指呼吸徐缓深沉。而不是用脚呼吸。现代医学提出的腹式呼吸与之类似：是让横膈膜上下移动。由于吸气时横膈膜会下降，把脏器挤到下方，因此肚子会膨胀，而非胸部膨胀。为此，吐气时横膈膜将会比平常上升，因而可以进行深度呼吸，吐出较多易停滞在肺底部的二氧化碳。

5. 格尔《荷尔德林和诗的本质》："人类的生存必须从属于大地、依赖于大地的情感。人类要接受大地的恩典，保护大地处处固有的秘密，这就是人类生存的诗意所在，也是人类与大地关系的诗意所在，更是人类未来命运的诗意所在。"

**—— 古之真人，其状义而不朋，若不足而不承；与乎其觚而不坚也，张乎其虚而不华也；邴邴乎其似喜也，崔崔乎其不得已也。滀乎进我色也，与乎止我德也，广乎其似世也，謷乎其未可制也，连乎其似好闭也，悗乎忘其言也。**

**以刑为体，以礼为翼，以知为时，以德为循。以刑为体者，绰乎其杀也；以礼为翼者，所以行于世也；以知为时者，不得已于事也；以德为循者，言其与有足者至于**

**丘也，而人真以为勤行者也。故其好之也一，其弗好之也一。其一也一，其不一也一。其一与天为徒，其不一与人为徒，天与人不相胜也，是之谓真人。**

▲ 语译 - 古代的“真人”，体形高大而不崩坏，看上去似有所不足但又不承受什么；特立独行超然物外但不固执己见，虚怀若谷亦不张扬浮华；从他愉悦的样子来看仿佛很高兴，而一举一动又好像出于不得已，心如止水而面色可亲，深厚的德行让人乐于交往和归附，而他们广阔的气度仿佛就是一个完整的世界！他们勤勉自励似乎与俗世和光同尘，绵邈深远又仿佛沉浸在自己的空间中，他们看起来心不在焉，似乎早已经忘却了语言。

以刑律为治国之本，以礼仪为羽翼辅助，以所知来伺机而动，以道德作为规范。以刑律为本，杀人就等同于宽厚仁慈；以礼仪为羽翼，也就是刑律大行于世的原因；以所知来伺机而动，正是因为面对世事只能不得已而为之；以道德作为规范，就如同在说“凡是有脚的就能登上山顶”，而世人却认为善于行走的人才能到达。所以说真人无心好恶，喜欢的东西是“浑然同一”，不喜欢的东西也同样是“浑然为一”。不论是否认为是“浑然为一”，实际上都是一样的。认为浑一就是与自然为伍，认为不浑一的就是与世人为伍，而能认识到天人之间其实并不存在优劣好坏的人，就是所谓的“真人”。

◎ **和解**

1.《世说新语·言语》:“谢灵运好戴曲柄笠，孔隐士谓曰:‘卿欲希心高远，何不能遗曲盖之貌?’谢答曰:‘将不畏影者，未能忘怀!’”

2. 王阳明《传习录》:“无善无恶是心之体，有善有恶是意之动，知善知恶是良知，为善去恶是格物。”

3. 王宠《五言诗》:“水绿天微霁，山青花影新。薄衣初试屐，枕酒任欹巾。圣世支离客，泥涂甲子春。放歌林木动，岩卧有真人。”

4. 李白《古风·其五》:“太白何苍苍，星辰上森列。去天三百里，邈尔与世绝。中有绿发翁，披云卧松雪。不笑亦不语，冥栖在岩穴。我来逢真人，长跪问宝诀，粲然启玉齿，授以炼药说。铭骨传其语，竦身已电灭。仰望不可及，苍然五情热。吾将营丹砂，永世与人别。”

—— **死生，命也；其有夜旦之常，天也。人之有所不得与，皆物之情也。彼特以天为父，而身犹爱之，而况其卓乎！人特以有君为愈乎己，而身犹死之，而况其真乎！**

**泉涸，鱼相与处于陆，相呴以湿，相濡以沫，不如相忘于江湖。与其誉尧而非桀也，不如两忘而化其道。**

**夫大块载我以形，劳我以生，佚我以老，息我以死。**

**故善吾生者，乃所以善吾死也。夫藏舟于壑，藏山于泽，谓之固矣！然而夜半有力者负之而走，昧者不知也。藏小大有宜，犹有所遁。若夫藏天下于天下而不得所遁，是恒物之大情也。特犯人之形而犹喜之。若人之形者，万化而未始有极也，其为乐可胜计邪？故圣人将游于物之所不得遁而皆存。善妖善老，善始善终，人犹效之，又况万物之所系而一化之所待乎！**

▲ 语译 - 生死相接，命中注定，如昼夜交替源于自然。有些事情非人所能干预，是因为这些都是出于物之本性。人们视天为父，终身爱戴，更何况更胜天一筹的独化之道呢！人们总是觉得国君的能力定然高出自己，为国君尚且愿意效忠，更何况对主宰万物的大道呢？

泉水干涸之后，鱼儿在陆地上相互依偎，互相呵气以取得一点点湿气，相互用唾沫润湿以苟延残喘，与其这样，倒不如在江湖中畅游互相不认识的好。同样，与其盛赞唐尧或者非议夏桀，倒不如将他们两个一并忘掉，然后同化于大道之中。

自然赋予形体来承载我，让我劳苦一生，让我年老力衰而稍事闲憩，最后用死亡给我以安息。因而善待生命，也同样要善待死亡。藏船于山谷，再藏山于湖泽，就算很保险了。然而，如果深更半夜有个大力士把山泽一股脑地都背走，尚在梦中的船主人还什么都不知道呢。把小物件藏到大东西里很适宜，不过还是有丢失的可能。但是如若把“天下”藏到天底下就不会丢失了，

西蒙·波伏娃（1908—1986）

死亡说到底是向自然的回归

并肯定我是自然的一部分。

这是依据了万物固有的永恒本质。人仅仅被赋予形体就会十分欣喜，而类似于为人赋形这样的情况，在自然的千变万化中始终是无穷无尽的，在这无尽的变化里，难道快乐能数得清么？正因如此，圣人才游移于，万物无所遁弃都可以全部保全的境界中。善待幼年也善待老年，善待开始也善待终结，对这一原则，人们都尚且争相效仿，更何况那联缀万物、贯穿于千变万化中的大道呢！

◎ 和解

1. 成语“相濡以沫”的出处。

2. 文天祥《生日和谢爱山长句》：“寓形落落大块间，嘘吸一气自往还。桑弧未了男子事，何能局促甘囚山。”

3. 张华《答何劭诗三首》：“洪钧陶万类，大块禀群生。明暗信异姿，静躁亦殊形。”

4. 色诺芬《苏格拉底回忆录》：“当他觉察出跟随他的人们在哭泣的时候，就问道：‘这是怎么回事呢？难道现在就哭起来了吗？你们岂不知道我从刚生下来按本性老早就注定是要死的吗？的确，如果当百般福气正倾注在我身上的时候我突然死去，很显然这对于我自己和那些祝愿我幸福的人都是必然会带来痛苦的，但如果当难以忍受的祸患快要来到时而能了此一生，我以为这对于我既然是好事，你们大家也就应该高兴才是。”

5. 西蒙·波伏娃《向萨特告别·死亡与上帝》记述与萨特的对话："但作为严重的事情在特定时刻就会到来——我等待着这个时刻——的死亡，我并不害怕。我认为它是很自然的。它是同我作为文化的整个生活相对立的。死亡说到底是向自然的回归并肯定我是自然的一部分。"

6. 泰戈尔《飞鸟集》："使生如夏花之绚烂，死若秋叶之静美。"

7.《卡夫卡自述》："谁充分了解生活，谁就不怕死亡。害怕死亡是生活不充实的结果，是不忠的表现。"

8. 恽道生《画旨》："终日见山，不知山之高也。终日见天，不知天之大也。唯行万里路，方知北苑用笔。藏山于山，藏川于川，藏天下于天下，有大力者负之而趋。"

—— **夫道有情有信，无为无形；可传而不可受，可得而不可见；自本自根，未有天地，自古以固存；神鬼神帝，生天生地；在太极之先而不为高，在六极之下而不为深，先天地生而不为久，长于上古而不为老。狶韦氏得之，以挈天地；伏戏氏得之，以袭气母；维斗得之，终古不忒；日月得之，终古不息；堪坏得之，以袭昆仑；冯夷得之，以游大川；肩吾得之，以处大山；黄帝得之，以登云天；颛顼得之，以处玄宫；禺强得之，立乎北极；西王母得之，坐乎少广，莫知其始，莫知其终；彭祖得之，上及有虞，**

**下及五伯；傅说得之，以相武丁，奄有天下，乘东维，骑箕尾，而比于列星。**

▲ 语译 -“道”的存在真实可信，但是没有实体也没有形状；“道”能被感知但是不可传授，可领悟得到却看不到；“道”本身自为根本，自天地未分时就已经存在；它为鬼神赋予精神，生成天地；它在混沌之气之前就存在而称不上高远，在天地四方之下也并不感觉很深，它先于天地存在却并不显得久远，它的发展演化长于上古也并不显得衰老。豨韦氏得到它，用来挈领天地；伏羲氏得到它，用来调和元气；北斗星得到它，用来永固方位；日月得到它，用来亘古不停；山神堪坏得到它，用来入主昆仑；河神冯夷得到它，用来巡游江河；肩吾得到它，用来驻守泰山；黄帝得到它，用来登上云天；颛顼得到它，用来北居玄宫；禺强得到它，用来立足北极；西王母得到它，用来坐镇少广山，没有人知道她生于何年，终年几许；彭祖得到它，用来延年益寿，从有虞时代一直活到了五伯之时；傅说得到它，用来辅佐君王，武丁这才能统辖天下，傅说后来乘驾东维星，骑坐于箕宿和尾宿之间，位列星辰之中。

◎ **和解**

《周易》：“是故易有太极，是生两仪，两仪生四象，四象生八卦，八卦定吉凶，吉凶生大业。”

——南伯子葵问乎女偊曰："子之年长矣，而色若孺子，何也？"

曰："吾闻道矣。"

南伯子葵曰："道可得学邪？"

曰："恶！恶可！子非其人也。夫卜梁倚有圣人之才而无圣人之道，我有圣人之道而无圣人之才。吾欲以教之，庶几其果为圣人乎！不然，以圣人之道，告圣人之才，亦易矣。吾犹告而守之，参日而后能外天下；已外天下矣，吾又守之，七日而后能外物；已外物矣，吾又守之，九日而后能外生；已外生矣，而后能朝彻；朝彻，而后能见独；见独，而后能无古今；无古今，而后能入于不死不生。杀生者不死，生生者不生。其为物，无不将也，无不迎也，无不毁也，无不成也。其名为撄宁。撄宁也者，撄而后成者也。"

南伯子葵曰："子独恶乎闻之？"

曰："闻诸副墨之子，副墨之子闻诸洛诵之孙，洛诵之孙闻之瞻明，瞻明闻之聂许，聂许闻之需役，需役闻之於讴，於讴闻之玄冥，玄冥闻之参寥，参寥闻之疑始。"

▲ 语译 - 南伯子葵问女偊说："您已经年纪很大，但脸色却和小孩子一样红润，是如何保养的呢？"

女偊说："因为我已经得'道'了。"

南伯子葵说："'道'是可以学到的么？"

女偊说："不，不可以！而且你也并非是修道之人。卜梁倚有圣人的才气却没有圣人的心境，我有圣人的心境却没有圣人的才气。如若我指点他一下，或许他就可以成为圣人了吧！就算不是这样，将圣人之道传授给有圣人之才的人，也是很容易的。我继续修持着，然后开始诱导他，他用了三天就遗忘掉了天下；彻底遗忘了天下之后，他又继续持守，七天之后就能遗忘了万物；已然遗忘掉万物，他就又开始持守，终于在九天以后把自己还活着这事也给忘了；忘掉生命以后，内心就像朝阳那样清新明澈；在内心明澈之后，就可以体悟到独化的境界；体悟出独化，就可以打通古今的界限；古今之间既然已经没有了界限，就进入到无生无死的境界了。大道的流行能使万物生息死灭，而它自身是不死不生的。大道对万物而言，无所不可赋予，无所不可迎合，能够毁灭一切，也能成就一切。这就叫作'撄宁'。撄宁的意思就是先因外物所扰，然后方能领悟出要保持内心宁静的方法。"

南伯子葵说："为何偏偏你得了'道'？"

女偊说："我是从文字那里得知的，而文字是从语言那里听到的，语言又是从目见那里学来的，目见从耳闻那里知道的，耳闻学自修持那里，修持得知自咏叹那里，咏叹是从静默那里听来的，静默是从 空旷那里领会的，而空旷则是从疑似本源那里知道的。"

## ◎ 和解

章太炎《国学讲演录》："《大宗师》篇，南伯子葵问乎女偊称卜梁倚守其道三日，而后能外天下；又守之七日，而后能外物，又守之九日而后能外生，外生而后能朝彻，朝彻而后能见独；见独而后能无古今；无古今而后能入于不死不生。天下者，空间也。外天下则无空间观念。物者实体也。外物即一切物体不足撄其心。先外天下，然后外物者，天下即佛法所谓地水火风之器世间，物即佛法所谓有情世间也。已破空间观念，乃可破有情世间，看得一切物体与己无关，然后能外生。外生者，犹未能证到不死不生，必须朝彻而见独。朝彻犹言顿悟，见独则人所不见，已独能见，故先朝彻而后能见独。人为时间所转，乃成生死之念。无古今者，无时间观念，死生之念因之灭绝，故能证知不死不生矣。佛家最重现量，阳明亦称留得此心常现在。庄子云无古今而后能入于不死不生者，亦此意也。"

—— **子祀、子舆、子犁、子来四人相与语曰："孰能以无为首，以生为脊，以死为尻；孰知死生存亡之一体者，吾与之友矣！"四人相视而笑，莫逆于心，遂相与为友。**

**俄而子舆有病，子祀往问之。曰："伟哉，夫造物者将以予为此拘拘也。"曲偻发背，上有五管，颐隐于齐，肩高于顶，句赘指天，阴阳之气有沴，其心闲而无事，跰跰而鉴于井，曰："嗟乎！夫造物者又将以予为此拘拘也。"**

**子祀曰："女恶之乎？"**

**曰："亡，予何恶！浸假而化予之左臂以为鸡，予因以**

求时夜；浸假而化予之右臂以为弹，予因以求鸮炙；浸假而化予之尻以为轮，以神为马，予因以乘之，岂更驾哉！且夫得者，时也；失者，顺也。安时而处顺，哀乐不能入也，此古之所谓县解也。而不能自解者，物有结之。且夫物不胜天久矣，吾又何恶焉！”

俄而子来有病，喘喘然将死。其妻子环而泣之。子犁往问之，曰：”叱！避！无怛化！”倚其户与之语曰：“伟哉造化！又将奚以汝为？将奚以汝适？以汝为鼠肝乎？以汝为虫臂乎？”

子来曰：“父母于子，东西南北，唯命之从。阴阳于人，不翅于父母。彼近吾死而我不听，我则悍矣，彼何罪焉？夫大块载我以形，劳我以生，佚我以老，息我以死。故善吾生者，乃所以善吾死也。今之大冶铸金，金踊跃曰：‘我且必为镆铘！’大冶必以为不祥之金。今一犯人之形而曰：‘人耳！人耳！’夫造化者必以为不祥之人。今一以天地为大炉，以造化为大冶，恶乎往而不可哉！”成然寐，蘧然觉。

▲ 语译 - 子祀、子舆、子犁、子来，这四个人有一天在一起相互约定：“若有人能把‘无’当头，以‘生’做脊梁，把‘死’当成屁股；换句话说，若有人通晓了生死存亡混同为一的道理，就是我们的朋友。”说完以后，四个人相视着会心一笑，心中都十分默契，于是就结为好友。

不久子舆生病了，子祀前去探望。子舆说：“造物呀，你真是太伟大了！让我身体佝偻成这副样子！”这时候的子舆，已经弯腰驼背，因为驼背的原因，五脏的穴口都朝上，下巴挨到了肚脐上，肩膀高过了头顶，脖颈弯曲着，后侧的骨头凸出来指向天空，可以看出他体内的阴阳二气不合，不过子舆的心境却十分闲逸，似乎根本就没有病，他蹒跚地走到井边，看着自己在水中的倒影，说道：“哎哟，造物者让我变得这么佝偻呀！”

子祀说：“你讨厌自己现在这副样子吗？”

子舆说：“一点都不，我为什么要讨厌呢！假如我的左臂渐渐变成了大公鸡，我就用它报晓；假如我的右臂渐渐变成了弹弓，我就用它去打猫头鹰回来烤着吃；假如我的屁股一点点变成轮子，精神也变成了高头大马，我就乘坐它们四处跑，有这么方便的工具，难道还需要换别的车么？至于人生，若有所得是因为时运，若有所失就要顺其自然。如果能安于时运并顺其自然，喜怒就不能侵入内心，这正是古人所谓‘悬解’呀！若还是无法自我解脱，就是因外物所累。况且万物自身无法胜过上天已经很久了，我又何必厌恶自己现在的样子呢？”

没过多久，子来也病了，气喘吁吁似乎大限将至。他的妻子儿女都围在床边哭泣。子犁前去探望他，对他的家人说：“去，你们走开！不要影响到他的生死之变！”然后靠着门对子来说：“造化真是伟大呀！不知道这回将把你变成什么，送你至何处？你觉得，能把你变成耗子的肝吗？还是小虫子的腿呀？”

子来说：“无论父母吩咐去东西南北，子女都只能唯命是从。

对人而言，阴阳变化不啻父母之命。若让我去死，我却不从，那就有点太专横了，它有什么过错？自然赋我形体，载我精神，让我劳苦一生，也让我年老力衰才稍事闲憩，最后用死亡给我以安息。因而善待生命，也要善待死亡。假如，现在有个高超的铁匠在铸造器皿，一块金属跃跃欲试，说：'我一定要成为宝剑莫邪！'铁匠一定会认为这是块不吉祥的金属。这就好比如今，一旦有了人的外形，便说：'我是人了！我是人了！'造物者一定会觉得这是不吉祥的人。现在若把天地看成大熔炉，把造物者看作高超的铁匠，无论怎样驱使我都没什么不可以的！"子来说完话便安然地睡去，又自在地醒来。

◎ 和解

1. 成语"莫逆于心"的出处。

2. 李白《忆旧游寄谯郡元参军》："海内贤豪青云客，就中与君心莫逆。回山转海不作难，倾情倒意无所惜。"

3. 刘禹锡《九华山歌》："奇峰一见惊魂魄，意想洪炉始开辟。"

—— 子桑户、孟子反、子琴张三人相与友，曰："孰能相与于无相与，相为于无相为？孰能登天游雾，挠挑无极，相忘以生，无所终穷？"三人相视而笑，莫逆于心。遂相与为友。

莫然有间，而子桑户死，未葬。孔子闻之，使子贡往侍事焉，或编曲，或鼓琴，相和而歌曰："嗟来桑户乎！嗟来桑户乎！而已反其真，而我犹为人猗！"子贡趋而进曰："敢问临尸而歌，礼乎？"

二人相视而笑曰："是恶知礼意！"

子贡反，以告孔子曰："彼何人者邪？修行无有，而外其形骸，临尸而歌，颜色不变，无以命之。彼何人者邪？"

孔子曰："彼游方之外者也，而丘游方之内者也。外内不相及，而丘使女往吊之，丘则陋矣！彼方且与造物者为人，而游乎天地之一气。彼以生为附赘县疣，以死为决疣溃痈。夫若然者，又恶知死生先后之所在！假于异物，托于同体；忘其肝胆，遗其耳目；反复终始，不知端倪；芒然彷徨乎尘垢之外，逍遥乎无为之业。彼又恶能愦愦然为世俗之礼，以观众人之耳目哉！"

子贡曰："然则夫子何方之依？"

孔子曰："丘，天之戮民也。虽然，吾与汝共之。"

子贡曰："敢问其方？"

孔子曰："鱼相造乎水，人相造乎道。相造乎水者，穿池而养给；相造乎道者，无事而生定。故曰：鱼相忘乎江湖，人相忘乎道术。"

子贡曰："敢问畸人。"

曰："畸人者，畸于人而侔于天。故曰：天之小人，

**人之君子；人之君子，天之小人也。”**

▲ 语译 - 子桑户、孟子反、子琴张三个人相处融洽，有一天他们相互谈论说：“谁能相互交往于无心交往中，忽略相助的形式而相助？谁能登临高空，遨游于云雾之间，婉转于宇宙的无穷无尽之中，忘掉自己的存在，精神却永无终结呢？”接着，三个人相视而笑，彼此心意相通，成为莫逆之交。

没过多久，子桑户死了，但尚未下葬。孔子知道了，就吩咐子贡前去协助料理丧事。到了以后，子贡却发现孟子反和子琴张一个在编曲，一个在弹琴，相互应唱到：“子桑户啊子桑户！如今你已返本真，我俩尚且仍做人！”子贡听了以后，几步走到他们近前，说：“恕晚辈冒昧请教，如今人已离世，难道对尸而歌合乎礼仪么？”两个人笑着对视了一下说：“这小子，哪知道什么是‘礼’！”回来以后，子贡把所见所闻如实告诉了孔子，并说：“这都是些什么人？不修边幅，放浪形骸，竟然对着死尸唱歌，还面不改色，岂有此理，简直没法说他们了。都算什么人呀？”孔子说：“这二位都是摆脱礼教，并逍遥于人世之外的高人，如孔丘我这样的人都是活在规矩之中。世俗内外彼此本不相干，我却还安排你去吊唁，我真是太肤浅了！他们跟造物者一道，遨游于混同天地的元气里。他们视人生为赘瘤，视死亡为有所好转的出脓溃破。这样的人，又怎么会有意存于生死有别、先后有分境地中呢！暂将自己寄托于万物之中，但最终都会混同为一；既忽略内在的肝胆，也忘记外通的耳目；反复地由始入终，周而复始，又全然不知端倪；看似茫然地在尘世之外彷徨，实际

尼采（1844—1900）

从人的内心深处，甚至从性灵里，升起狂喜的陶醉，那么我们便可以洞见酒神狄奥尼索斯的本性，把它比拟成醉境也许最为贴切……

上却能在无为中逍遥自得。他们又怎么会去不厌其烦地遵循世俗的礼仪，而取悦众人耳目呢！”

子贡说：“如此说来，先生您遵循的原则又是什么？”孔子说：“孔丘我乃是上天所加罪的人。虽然这样，我还是可以说出来，跟你共同探讨一下。”子贡说：“愿听先生教导。”孔子说：“鱼觅水而生，人都争相求道。觅水而生的鱼，挖个池子就能养活；争相求道的人，泰然无事就会心神安定。所以说，鱼相忘于江湖，人相忘于道术。”子贡说：“恕学生冒昧，那‘畸人’又是什么？”孔子回答到：“所谓‘畸人’，虽然看起来与常人不同，但能与自然和同。所以说，自然的小人就是人间的君子；自然的君子就是人间的小人。”

◎ **和解**

1. 尼采：“从人的内心深处，甚至从性灵里，升起狂喜的陶醉，那么我们便可以洞见酒神狄奥尼索斯的本性，把它比拟成醉境也许最为贴切。或是在醇酒的影响下原始人和原始民族高唱颂歌时，或是在春光渐近万物欣欣向荣的季候，酒神的激情便苏醒了；当激情高涨时，主观的一切都化入了浑然忘我之境。在酒神的魔力下，不但人与人之间的团结再次得以巩固，甚至那被疏远，被敌视，被屈服的大自然也再次庆贺她与她的浪子人类里言归于好。此时，奴隶也是自由人；此时，专横的礼教和‘可耻的习俗’，在人与人之间对立的顽强敌对的藩篱，蓦然被推倒了；此时，在世界大同的福音中，人不但感到自己与邻人团结了，和解了，融洽了，而且是万众一心。”

2. 巴赫金：“人们是通过自己的身体，在人体极端物质的活动和机能即饮食、分泌和排泄及性生活行为中，掌握和感觉物质宇宙及其元素的，他们正是在自己身上找到了那些东西，并且仿佛是在自己肉体内由内而外地触摸着土地、海洋、空气、火及全世界的物质及其所有表现形态，并以此来掌握它。建立在多产的深层和生殖性突凸部位的人体，是从不对世界划清界限的：它进入世界，并与世界交混和融合在一起；甚至在自己身上，也隐藏着新的未知的世界。人体采取了宇宙性规模，而宇宙则肉体化了。宇宙元素转变成为成长中的、生产中的和胜利中的人体的愉悦的肉体元素。”

3. 霍尔巴赫：“为了理解道德的真正基础，人们既不需要神学，也不需要天启，又不需要神灵；为此有一种简单的健全思想就完全够用了。”

4.《世说新语》：“阮籍嫂尝还家，籍见与别。或讥之，籍曰：‘礼岂为我辈设也？’”

5.《世说新语》：“阮步兵丧母，裴令公往吊之。阮方醉，散发坐床，箕踞不哭。裴至，下席于地，哭，吊唁毕便去。或问裴：‘凡吊，主人哭，客乃为礼。阮既不哭，君何为哭？’裴曰：‘阮方外之人，故不崇礼制。我辈俗中人，故以仪轨自居。’时人叹为两得其中。”

6. 余英时："诸子百家的突破之间虽有激烈与温和的异趋，但整个地说终不出礼乐传统的笼罩……因此，尽管道家在批判现实礼乐方面比儒、墨两家表现得都要激烈而彻底，但是在更高的思想层次上，他们依然肯定礼乐的意义。象《大宗师》中的孟子反、子琴张两人不肯'愦愦然为世俗之礼'，但他们哀友人子桑户之丧，'临尸而歌'，仍自以为得'礼意'。这里我们看到道家的突破的内在限制。"

—— **颜回问仲尼曰："孟孙才，其母死，哭泣无涕，中心不戚，居丧不哀。无是三者，以善处丧盖鲁国，固有无其实而得其名者乎？回壹怪之。"**

**仲尼曰："夫孟孙氏尽之矣，进于知矣，唯简之而不得，夫已有所简矣。孟孙氏不知所以生，不知所以死。不知就先，不知就后。若化为物，以待其所不知之化已乎！且方将化，恶知不化哉？方将不化，恶知已化哉？吾特与汝，其梦未始觉者邪！且彼有骇形而无损心，有旦宅而无情死。孟孙氏特觉，人哭亦哭，是自其所以乃。且也相与'吾之'耳矣！庸讵知吾所谓'吾之'乎？且汝梦为鸟而厉乎天，梦为鱼而没于渊。不识今之言者，其觉者乎？其梦者乎？造适不及笑，献笑不及排，安排而去化，乃入于寥天一。"**

▲ 语译-颜回问孔子说："孟孙才这个人，在他母亲死的时候，没落一滴眼泪，也完全看不出心中有丝毫的伤心，居丧期间也全然看不出悲哀。虽然这三种表现都不可取，但是他却因善于操办丧事而名扬鲁国，难道真存在有名无实的情况？颜回我着实觉得十分奇怪。"

孔子说："孟孙才算是登峰造极了，他的才能已经远超所谓知道服丧礼仪的人。人们总希望丧事从简，却很难办到，而孟孙才已经十分精简了。孟孙才既不思索人为何而生，也不探寻人因何而死。不刻意追求先生，也不过分迷恋后死。如果他化身成外物，就还会静静地等待那些自己尚不知晓的变化！更何况仅仅是觉得即将变化，又怎么能知道或许不是变化呢？或者似乎没有察觉到变化，又怎么知道其实变化已经发生了呢！也只有你我这样的，才是在梦中尚未醒来的人！孟孙才认为母亲或许形体发生变化但是心智却并未受损，虽有惊忧但是精神却从未死亡。唯独只有孟孙才是清醒的，别人哭他也哭，正是因为这个缘故。世人相互标榜'自我'，谁又能知道自己嘴里的那个'自我'就一定是真的呢？况且在梦中你可能变成鸟高飞九天，也可能接着就变成鱼潜入深渊。哪里知道今天说话的你我，是梦是醒呢？突如其来的快意来不及显露笑容，由衷的快乐来不及事先安排，安于自然而顺应变化，这样就能与寥廓的苍天齐同为一了。"

◎ **和解**

1. 卡西尔《人论》："人被认为是不断探求其自身的存在，这种存在物在其存在的每一时刻都必须审视和反省自身的生存状态。人生活的真正意义便在这种审视，这种对人类生活的批判态度中得到体现。”

2.《世说新语》：“王戎、和峤同时遭大丧，具以孝称。王鸡骨支床，和哭泣备礼。武帝谓刘仲雄曰：‘卿数省王、和不？闻和哀苦过礼，使人忧之。’仲雄曰：‘和峤虽备礼，神气不损；王戎虽不备礼，而哀毁骨立。臣以和峤生孝，王戎死孝。陛下不应忧峤，而应忧戎。’”

3. 柏拉图《理想国》中的洞中寓言：某群囚犯被关押在洞穴中，他们手脚都被捆绑，无法转身，只能背对着洞口。他们面前有一堵白墙，他们的身后燃烧着火堆。他们在白墙上看到了自己以及身体与火堆之间的事物的影子，由于看不到任何其他东西，这群囚犯便以为影子就是真实的东西。最后，有个人挣脱枷锁，摸索出了洞口。他第一次看到了真实的事物。然后，他返回洞穴，试图向其他人解释，那些影子只是虚幻的事物，并向他们指明光明之路。但在其余的囚犯看来，那个人似乎比他逃出去之前更加愚蠢。他们向他宣称，除了墙上的影子之外，世界上没有其他东西了。

—— **意而子见许由，许由曰：“尧何以资汝？”**

**意而子曰：“尧谓我：‘汝必躬服仁义而明言是非’。”**

**许由曰：“而奚来为轵？夫尧既已黥(qíng)汝以仁义，而劓汝以是非矣。汝将何以游夫遥荡恣睢转徙之涂乎？”**

**意而子曰：“虽然，吾愿游于其藩。”**

**许由曰：“不然。夫盲者无以与乎眉目颜色之好，瞽者无以与乎青黄黼(fǔ)黻(fú)之观。”**

**意而子曰：“夫无庄之失其美，据梁之失其力，黄帝之亡其知，皆在炉捶之间耳。庸讵知夫造物者之不息我黥而补我劓，使我乘成以随先生邪？”**

**许由曰：“噫！未可知也。我为汝言其大略：吾师乎！吾师乎！齑(jī)万物而不为义，泽及万世而不为仁，长于上古而不为老，覆载天地、刻雕众形而不为巧，此所游已！”**

▲ 语译 - 意而子去见许由，许由说：“尧都教过你什么？”

意而子说：“尧告诉我说‘对于仁义，只有亲自实践，才能明辨是非’。”

许由说：“那你为什么还到我这里来？尧已经在你额头刺上了‘仁义’，又用‘是非’这把刀割了你的鼻子。你又凭什么能逍遥自在，畅行于辗转变化的境界中呢？”

意而子说：“话虽这样说，但是我还是很希望能在这样的境域中游走。”

许由说：“才不是这样呢！我们没有办法跟盲人一块观赏眉

目面容之美，也没法跟盲人一起品鉴礼服上华丽的青黄纹章。”意而子说：“美女无庄忽视自己的美貌，大力士据梁不再斗力逞勇，黄帝更彻底，他把智慧都给忘掉了，这是因为他们早已历经了天地熔炉的锻造和捶打。怎知造物者不会抹掉我脸上的墨字，并且帮我补好鼻子，重塑一个周全的身体以追随先生呢？”

许由说：“哎哟！这些都是没法知道的！我就说个大概给你听听。若提起我的宗师，那是非常伟大的！他调和万物并非出于‘义’，泽被万世也不是出于‘仁’，长于上古但是不算老，覆天载地、为万物塑造形体也不算精巧。这就是游心的境界。”

**颜回曰：“回益矣。”**

**仲尼曰：“何谓也？”**

**曰：“回忘仁义矣。”**

**曰：“可矣，犹未也。”**

**他日复见，曰：“回益矣。”**

**曰：“何谓也？”**

**曰：“回忘礼乐矣！”**

**曰：“可矣，犹未也。”**

**他日复见，曰：“回益矣！”**

**曰：“何谓也？”**

**曰：“回坐忘矣。”**

**仲尼蹴然曰：“何谓坐忘？”**

**颜回曰："堕肢体，黜聪明，离形去知，同于大通，此谓坐忘。"**

**仲尼曰："同则无好也，化则无常也。而果其贤乎！丘也请从而后也。"**

▲ 语译 - 有一天，颜回对孔子说："老师，我有进步了。"

孔子说："你说的是哪方面？"

颜回说："我已经忘记'仁义'为何物了。"

孔子说："不错，但是不够。"

过了几天颜回又来见孔子，说："老师，我又有进步了。"

孔子说："这回你指的是哪方面？"

颜回说："我忘记'礼乐'是什么了。"

孔子说："很好，但是还是不够。"

几天以后，颜回又来见孔子说："老师，我真的进步了。"

孔子说："你指的是哪方面呀？"

颜回说："我已经能够'坐忘'了。"

孔子十分惊讶地说："那你说说看，什么叫'坐忘'？"

颜回说："无视身体，罢黜耳目，精神离开身体，抛弃知识，浑同于大道，就是'坐忘'了。"

孔子说："与万物同一了，也就没什么偏好，顺应变化就不会偏执了。颜回呀，你已经是贤人了呀！孔丘我也很希望可以步你的后尘呀。”

◎ **和解**

1. 冯友兰《中国哲学简史》：“佛家所谓圣人，是达到一种境界底人。此种底圣人，可以说是静底。如佛像皆是闭目冥想，静坐不动者……颜回就这样用弃知的方法得到了内圣之道。弃知的结果是没有知识。但是无知与不知不同，无知状态是原始的无知状态，而不知状态则是先经过有知的阶段之后才达到的。前者是自然的产物，后者是精神的创造。”

2. 余英时：“颜回先忘去仁义的观念，再忘去礼乐的观念，最后且‘堕体黜聪，离形去知’，始能达到与‘道’合一的最高境界。《庄子》说的是个人‘得道’的历程，与《老子》论社会‘失道’恰成一往一复，个人要把握住道家之‘道’，第一步是超越仁义的观念，第二步是超越礼乐的观念，第三步则是超越随文化而来的一切观念。如此层层上翻，最后便接触到那个‘先天地生’的原始道体。荀子虽然批评庄子‘蔽于天而不知人’，但庄子的‘天’与墨子的‘天志’不同，它并不乞灵于比礼乐传统更为古老的原始宗教意识。相反，庄子思想中的‘天’是一个形而上学的新观念；从道家的观点说，它是比儒家的仁义世界更高一层的领域，所以在《大宗师》篇中，庄子特别假孔子之口提出‘游方之内’与‘游方之外’的分别，而严格地把儒家划入‘游方之内’。”

—— **子舆与子桑友。而霖雨十日，子舆曰：“子桑殆病矣！”裹饭而往食之。至子桑之门，则若歌若哭，鼓琴曰：“父邪？母邪？天乎？人乎？”有不任其声而趋举其诗焉。**

**子舆入，曰：“子之歌诗，何故若是？”**

**曰：“吾思夫使我至此极者而弗得也。父母岂欲吾贫哉？天无私覆，地无私载，天地岂私贫我哉？求其为之者而不得也。然而至此极者，命也夫！”**

▲ 语译 - 子舆跟子桑是很好的朋友。有一次，连连绵绵下了十天的雨，子舆说：“恐怕子桑该饿晕了吧。”于是赶紧装好食物送过去。等到了子桑门前，就听见子桑若歌若泣地在弹琴唱歌：“父亲吗？母亲吗？苍天吗？凡人吗？”听上去，似乎声音微弱，像是急着想把歌词都唱出来。

子舆赶忙跑进屋子里，问道：“听你唱的歌词，怎么感觉这么不成调子？”

子桑说：“我想知道是什么让我如此困窘至极，但思前想后

卡夫卡（1883—1924）

人们无法逃脱自己。这是命运。我们唯一可能做的是，在冷眼旁观中忘却命运在拿我们戏耍……与命运抗衡的力量实际上是一种虚弱。献身与忍耐要强得多。

都不明白。父母难道会希望我贫困吗？苍天没有偏私地覆盖世界，大地亦无偏私地承载万物，难道它们单单只让我贫困吗？想找原因都找不到！如此看来，让我深陷于穷困的，真的是命运呀！”

◎ **和解**

1. 加缪《西西弗的神话·荒谬和自杀》：“生活从来就不是容易的，但是由于种种原因，人们还在继续着由存在支配着的行为，这其中最终重要的原因就是习惯。”

2.《卡夫卡自述》：“人们无法逃脱自己。这是命运。我们唯一可能做的是，在冷眼旁观中忘却命运在拿我们戏耍……与命运抗衡的力量实际上是一种虚弱。献身与忍耐要强得多。”

3. 莎士比亚《亨利六世》下篇：“亨利王：厄运呵，我甘心对你逆来顺受，哲人们说这是应付逆境最聪明的办法。”

4. 钱穆《庄老通辨》：“凡宇宙间，一切不得已而不可知者皆是命。实则即是大道之化。此大道之化，则是不得已而又不可知者，此仍是庄子思想与儒家孔门知天知命之学若相异而仍相通之处。惟庄子特拈出一道字新谊，来替代孔门之天字，此则是庄子思想由儒家孔门之转手处也。”

# 应帝王第七

——啮缺问于王倪，四问而四不知。啮缺因跃而大喜，行以告蒲衣子。

**蒲衣子曰：“而乃今知之乎？有虞氏不及泰氏。有虞氏其犹藏仁以要人，亦得人矣，而未始出于非人。泰氏其卧徐徐，其觉于于。一以己为马，一以己为牛。其知情信，其德甚真，而未始入于非人。”**

▲语译-有一次，啮缺向王倪提问，但是王倪却四问四不知。于是啮缺兴奋地一下子就跳了起来，小跑着就去把这件事告诉了蒲衣子。

蒲衣子听完以后却说：“我不知道现在的你是否明白这样的道理？就是有虞氏为何不如泰氏。有虞氏心怀仁义是为了笼络人心，虽然也获得了百姓的拥戴，所以他并未曾超出对外物的迷恋。再来看泰氏，他睡觉时安安稳稳，觉醒了悠游自得。他听任别人视自己为牛马，他的智慧真实无伪，德行也纯真可信，所以也就从未被外物所牵连拖累。

◎ **和解**

1. 冯友兰：“中国的圣人是既入世而又出世的，中国的哲学也是既入世而又出世的。”

2. 非人。卡西尔：“人们现在从更广的意义上理解这个任务，即它除了道德的背景之外，还有个宇宙的和形而上学的背景。与自己内心和睦相处的人，也就是能与宇宙和睦相处的人；因为宇宙的秩序和个人的秩序这两者只不过是某个共同的根本原则的不同表现和不同形式而已。通过认识自我到在自我和外部世界两者关系中起主导作用的是前者这个事实，人证明自己有着内在批判力、判断力和辨别力。如果自我成功获得了其内在形式，这种形式就是不可改变和不能扰乱的。”

—— **肩吾见狂接舆。狂接舆曰：“日中始何以语女？”**

**肩吾曰：“告我，君人者以己出经式义度，人孰敢不听而化诸？”**

**狂接舆曰：“是欺德也。其于治天下也，犹涉海凿河，而使蚊负山也。夫圣人之治也，治外乎？正而后行，确乎能其事者而已矣。且鸟高飞以避矰弋之害，鼷鼠深穴乎神丘之下以避熏凿之患，而曾二虫之无知？”**

▲ 语译 - 肩吾见狂接舆，狂接舆问：“日中始对你说了些什

么呀？”

肩吾说：“他告诉我若是由君主自己来制定并推行礼仪法度，人们谁还敢不老老实实地从命吗？”

狂接舆说：“这简直就是骗人。这样治理天下，就好比在大海里开凿河道，或者让蚊子背负大山一样。圣人治理天下，难道仅仅用法度约束人们的外在表象么？圣人都是先端正自己，然后再实施教化，只是做那些他们力所能及的事情罢了。连鸟儿都懂得高飞以躲避弓箭罗网的伤害，连鼷鼠都知道筑穴于神坛之下以免遭烟熏挖凿的祸患，难道人还不如这两种虫子吗？”

## ◎ 和解

1. 柏拉图《政治家》：“因为法律从来不能用来确切地判定什么对所有的人说来是最高尚的和最公正的从而施予他们最好的东西；由于人与人的差异，人的行为的差异，也由于人类生活中的任何东西都不是静止不变的，所以任何专门的技艺都拒斥针对所有时间和所有事物所颁布的简单规则。”

2. 卢梭《社会契约论》：“强力并不构成权利，服从的义务只归属于正当权力。”

3. 凯尔森《法与国家的一般理论》：“如果推定人们应当遵守某位君主的命令，或人们应该根据某个议会的决议而行动，那么这位君主的命令和议会的决议就是法律。它们是‘有效的’规范，人们的行为‘应当’符合于它们的内容。”

卢梭（1712—1778）

强力并不构成权利，服从的义务只归属于正当权力。

4. 马克斯·韦伯认为有效并且稳定的秩序必是以某种“准则”即“正当性”为基础的秩序。《社会学基本术语》：“只有当出现指向这些准则的指向时，并且除此之外还因为它以某种可以理解的方式，被行动者视为某种他必须遵循的义务或样板时，秩序才可称为‘有效的’。”

—— **天根游于殷阳，至蓼水之上，适遭无名人而问焉，曰：“请问为天下。”**

**无名人曰：“去！汝鄙人也，何问之不豫也！予方将与造物者为人，厌则又乘夫莽眇之鸟，以出六极之外，而游无何有之乡，以处圹埌之野。汝又何帠(yì)以治天下感予之心为？”**

**又复问，无名人曰：“汝游心于淡，合气于漠，顺物自然而无容私焉，而天下治矣。”**

▲ 语译 - 天根游历殷阳，到了蓼水河边的时候，恰巧遇到了无名人，于是就问他说：“恕在下冒昧，想向您请教有关治理天下的事情。”

无名人说：“离我远点，你也太没见识了，怎么一张嘴就让人不高兴！我正打算跟造物者结伴，在厌烦时乘着像轻盈的小鸟一样清虚的气流，超脱于‘六极’之外，生活在虚无的境界中，寄身于旷达无边的大地上。你怎么能用所谓治理天下这类话语来撼动我的心思呢？”

天根很不甘心，就又问了一次。这次，无名人回答道：“你只需保持淡然的心境，让心气漠然沉静，顺应事物的本性，并不存一星半点的偏私，倘若如此，天下便可大治。”

◎ **和解**

1. 斯宾诺莎：“他只是把天赋之权交付给一个社会的大多数。他是那个社会的一分子。这样，所有的人仍然是平等的，与他们在自然状态之中无异。”

2. 冈仓天心《茶之书》：“现代人类的天空，实际上已经因为争权夺利的巨大纷争而变得支离破碎。世界在私欲和恶俗的阴影中摸索前进。知识要通过良心的负疚才能获得，善行要出于效用的目的才能得以实践……我们再次需要女娲，来修补这巨大的毁坏。我们等待着这位伟大的天神。这时，让我们啜一口茶吧。向晚的余晖正照着竹林，泉水正欢快地沸沸作响，我们的壶中能听见松风飒飒。让我们憧憬那虚幻的梦境，沉醉在那些平凡琐碎的事物之美中吧。”

3. 朱光潜：“我们都不过是自然的奴隶，要征服自然，只得服从自然。”

4. 余英时在《士与中国文化》中谈到，春秋战国之际，道与势之间存在着巨大的张力，凡儒、墨、道等主要的哲学流派都秉承着“道尊于势”的信念。而在此处，庄子重道轻势的态度更是表现得极为明显。

5. 新儒家大师熊十力先生从“体用不二”的本体论出发，提出了“内圣外王”的人生论。所谓“内圣”，即是“成己成圣之学”，亦即中国传统的道德文化资源，而所谓“外王”，即是“开物成务之学”，包括西方的“科学、民主、自由、平等、独立”等思想。而牟宗三先生更是站在现代民主自由的思想高度，反省了传统文化开不出“新外王”的原因。他说：“事功的精神即是商人的精神，这种精神卑之无甚高论，境界平庸不高，但是敬业乐群，做事仔细精密、步步扎实……事功精神是个散文的精神，既不是诗，也不是戏剧，戏剧性不够，也没有太多趣味。从哲学来讲，事功精神属于知性的层面，如黑格尔即名之曰散文的知性或学究的知性。从人生境界来说，事功精神是个中年人的精神，忙于建功立业，名利心重，现实主义的情调强……中国人传统的风气，尤其是知识分子不欣赏恰当意义的事功精神，此乃反映中华民族的浪漫性格太强，而事功精神不够。”

—— **阳子居见老聃，曰：“有人于此，向疾强梁，物彻疏明，学道不倦。如是者，可比明王乎？”**

**老聃曰：“是于圣人也，胥易技系，劳形怵心者也。且也虎豹之文来田，猨狙之便、执獿[1]之狗来藉。如是者，可比明王乎？”**

**阳子居蹴然曰："敢问明王之治。"**

**老聃曰："明王之治：功盖天下而似不自己，化贷万物而民弗恃；有莫举名，使物自喜；立乎不测，而游于无有者也。"**

▲ 语译 - 阳子居去见老聃时说："若现在有这样一个人，他做事一向敏捷强干，对事物洞察明澈，学习大道也勤奋不倦。像这样的人，可以与圣明之王相提并论么？"

老聃说："哪里呀，这样的人在圣人眼里，就像胥吏治事为雕虫小技所束缚，身体劳苦还担惊受怕。况且虎豹因为毛皮美丽而招致围猎，猕猴因为跳跃敏捷、狗因为捕猎迅猛而招来拘系。像这样的人，还有资格跟圣哲之王相提并论吗？"

听完这番话，阳子居惭愧地说："那恕我冒昧，请教圣哲之王又是如何治理天下的。"

老聃说："圣哲之王的治理，虽然功盖天下却似乎并不是出于自己的努力，教化施及万物而百姓却没觉得有所依赖。功德无量但却无法立出名目以称颂，因为他们只不过是让万物各居其所而欣然自得罢了。他们立身于神秘莫测之中，并神游于虚空浑无之内。"

◎ **和解**

1. 冯友兰《中国哲学简史》："孔子意识到的比道德更高的价

值和道家有所不同。道家并不承认有智慧、有目标的上天，他们寻求混元真体的神秘结合。因此道家所谓的超道德价值更为脱俗。孔子七十岁从心所欲，意思是说自己的行为已经完全顺应了天道，合乎了自然，不需要在用意识去指导了。”

2. 柏拉图《理想国》：“除非哲学家成为我们这些国家的国王，或者我目前称为国王和统治者的那些人物，能严肃认真地追求智慧，使政治权力与聪明才智合而为一……否则的话，我亲爱的格劳孔，对国家甚至我想对全人类都将祸害无穷，永无宁日。”

3. 施特劳斯《自然权利与历史》：“最佳制度是习惯上由最好的人来统治的，或者说是贵族制。如果说，善不能等同于智慧的话，它总是依赖于智慧的：最佳的制度看来就是明智者的统治。”

—— **郑有神巫曰季咸，知人之死生、存亡、祸福、寿夭，期以岁月旬日，若神。郑人见之，皆弃而走。列子见之而心醉，归，以告壶子，曰：“始吾以夫子之道为至矣，则又有至焉者矣。”**

**壶子曰：“吾与汝既其文，未既其实。而固得道与？众雌而无雄，而又奚卵焉！而以道与世亢，必信，夫故使人得而相汝。尝试与来，以予示之。”**

明日，列子与之见壶子。出，而谓列子曰：“嘻！子之先生死矣！弗活矣！不以旬数矣！吾见怪焉，见湿灰焉。”

列子入，泣涕沾襟以告壶子。壶子曰：“乡吾示之以地文，萌乎不震不止。是殆见吾杜德机也。尝又与来。”

明日，又与之见壶子。出，而谓列子曰：“幸矣！子之先生遇我也，有瘳矣！全然有生矣！吾见其杜权矣！”

列子入，以告壶子。壶子曰：“乡吾示之以天壤，名实不入，而机发于踵。是殆见吾善者机也。尝又与来。”

明日，又与之见壶子。出，而谓列子曰：“子之先生不齐，吾无得而相焉。试齐，且复相之。”

列子入，以告壶子。壶子曰：“乡吾示之以太冲莫胜，是殆见吾衡气机也。鲵桓之审为渊，止水之审为渊，流水之审为渊。渊有九名，此处三焉。尝又与来。”

明日，又与之见壶子。立未定，自失而走。壶子曰：“追之！”列子追之不及。反，以报壶子曰：“已灭矣，已失矣，吾弗及已。”

壶子曰：“乡吾示之以未始出吾宗。吾与之虚而委蛇，不知其谁何，因以为弟靡，因以为波流，故逃也。”

然后列子自以为未始学而归。三年不出，为其妻爨，食豕如食人。于事无与亲，雕琢复朴，块然独以其形立。纷而封哉，一以是终。

▲ 语译 - 郑国有个相面很灵验的人名叫季咸，他能知人的生死存亡和祸福寿夭，并且占卜出来的年、月、旬、日都十分准确，简直神了。郑国人看见他，都赶忙跑开，因为担心知道自己的死期和祸患。列子见到他之后，为他所折服，到了如醉如痴的地步。列子回去以后，就把这件事告诉了老师壶子，并且说："我原以为先生的道行已经登峰造极，如今却看到了更为高深的人。"

壶子说："我教给你的还仅仅是肤浅表面的功夫，尚未涉及到大道之本，难道你就已经得道了吗？只有一大群雌鸟，却没有雄鸟，怎么可能得到受精的鸟蛋呢！你拿肤浅的皮毛当作道在世人面前炫耀，目的就是想让别人相信你已得道，你的底细被人看得明明白白，所以给你看相才会看得那么准。这样吧，你试着把他带来，让他也给我看看相。"

第二天，列子带着季咸来见壶子。季咸出来以后跟列子说："哎哟！你家先生快要死了！活不了多久了，最多不过十几天！我看他神色怪异，就好像潮湿的灰烬，毫无生机。"

列子闷闷不乐地走进屋里，一边擦眼泪一边复述季咸的话，衣襟都给泪水浸湿了。但壶子说："刚才我给他看的是大地的宁静之相，茫茫然既无震动也未止息，恐怕他看到了我闭塞生机的样子吧。你把他再带来看看。"

第三天，列子带着季咸又来给壶子看相。这次，季咸一出来就对列子说："真是万幸，幸亏你家先生遇到了我！病症可以痊愈，已经有救了，我洞察到他闭塞的生机已经开始微微活动了。"

列子走进屋，将季咸的话转告给壶子。壶子说："刚才我给他看的是天地间的生气，把名与实等排除在外，让生机发于脚底。他恐怕已经看到了开始好转的那一线生机。明天再把他带来看看。”

第四天，列子再次带着季咸来到壶子面前。这一次，季咸出来以后对列子说：“你家先生心神恍惚不定，我没法给他看相。且等他心迹稳定以后再说。”

列子进了屋，还是向壶子如实地转告了季咸的话。壶子说：“适才我用阴阳二气对冲但是又相互制衡的相给他看，他恐怕是看到了我心中的冲衡玄机。大鲵盘桓的深池叫作渊，止水聚积的水潭叫作渊，流水汇聚的水湾叫作渊。渊有九种，我只给他看了其中的三种。你再把他带来给我看一看。”

第五天，列子又带了季咸来给壶子看相。这一次，季咸还没等站稳，就不能自持地跑掉了。壶子赶紧说：“追上他！”列子就连忙追了出去，但是没能追上，就回来告诉壶子：“早就没影了，可惜让他给跑掉了，我没能追上。”

壶子说：“今天我才开始给他显露出始终未曾脱离本性之相，在他面前应物随化，他弄不清我的究竟，我也索性让自己颓废顺从，像水一样随波逐流，所以他就跑掉了。”

打这之后，列子就回到了家，仿佛他从来就没有拜师学道，而且三年都不出门。在家里，他帮着妻子烧火做饭，像伺候人那样喂猪。对所有世事不分亲疏也没有偏私，他本人就如同经过雕琢的美玉再次恢复了本来的质朴和纯真，似乎世上仅仅留下了他的形体。就算偶尔涉入世间的纷扰也能固守本真，列子就这样始终如一地度过了一生。

◎ **和解**

1. 太冲莫胜。亚里士多德《物理学》："谐和的事物必然由不谐和的事物产生，不谐和的也由谐和产生。谐和的消失变成不谐和的，也不是变成随便什么的不谐和，而是和谐和相反的状态。"

2.《列子》中也有薛谭学讴的故事。薛谭向秦青学习唱歌，还没有学完秦青的绝技，就以为学尽了，于是就告辞回家。秦青没有劝阻他，只是在城外大道旁为他饯行。秦青打着节拍，放声悲歌。他的歌声振动了林木，让行云止住了脚步。薛谭大为惭愧，于是向秦青谢罪，要求回来继续学习。从此以后，他终生都不敢再提回家的事情了。

—— **无为名尸，无为谋府，无为事任，无为知主。体尽无穷，而游无朕。尽其所受乎天而无见得，亦虚而已！至人之用心若镜，不将不迎，应而不藏，故能胜物而不伤。**

▲ 语译 - 绝弃求名的心思，绝弃计谋的智慧，绝弃承担事物的责任，绝弃智巧的作为。体悟无穷的大道，游心于天地自然而不留踪迹。秉承自然的恩赐，尽兴则已。看似无所得，其实也就得到心境的清虚淡泊罢了。道德高深的至人，心就像一面镜子，

一任事物来去不会加以迎送，能照出事物的影子却并不会有所藏匿，所以能经受住外物的诱惑而不致伤心劳神。

◎ **和解**

1. 用心若镜。成玄英：“夫物有去来而镜无迎送，来者即照，叉不隐藏。亦犹圣智虚凝，无幽不烛，物感斯应，应不以心，既无将迎，岂有情于隐匿哉。”

2.《世说新语·言语》：“何尝见明镜疲于屡照，清流惮于惠风。”

3. 钱钟书《管锥编》：“古希腊诗人咏镜子，‘中无所有而亦中无不有’……爱默生论人心观物‘有若镜然，照映百态万象而不疲不敝’。”

4. 不将不迎。丰子恺：“白云无事常来往，莫怪山人不送迎。”

5. 海德格尔：“在日常的对周围世界的忧烦中，人们为了能够让上手的东西在它的自在的状态中来相遇，那么人们的寻视完全契入进去的指引和指引整体就得对这种寻视保持为非专题的寻视，就如同让非寻视的‘专题’的把握保留在非专题中那样。世界不把自己显露出来，正是上手的东西不从不触目状态走出来的可能性的条件。”

—— **南海之帝为儵（shū），北海之帝为忽，中央之帝为浑沌。**

**倏与忽时相与遇于浑沌之地，浑沌待之甚善。倏与忽谋报浑沌之德，曰："人皆有七窍以视听食息，此独无有，尝试凿之。"日凿一窍，七日而浑沌死。**

▲ 语译 - 南海的大帝叫倏，北海的大帝叫忽，中央的大帝叫浑沌。倏与忽常常去浑沌那儿见面，浑沌每次十分热情地款待他们。所以倏就去跟忽商量一个报答浑沌的好办法，他说："人人皆有七窍，用以视、听、食、息，唯独浑沌没有，我们不妨试着为他凿开七窍。"于是他们俩从此以后就每天给浑沌开一个窍，七天以后浑沌就死了。

◎ **和解**

1. 霍尔巴赫："国王们总是不顾自己的管理能力，力图统治多得多的臣民。"
2. 《黑暗传》："玄黄死后留头颅，天地灵气里头存，预示天地未成形，后来转变为混沌。无鼻无眼心里明，如似一个鸡蛋形。划天老祖来彩画，取出神笔画图形。五气六气画眉毛，八字峨眉两边分。七孔八窍安停当，睁开双目看分明。凿开混沌开七窍，才有三光与三才。"
3. 赫西俄德："万物之先有浑沌，然后才产生了宽胸的大地。"
4. 奥维德："天地未形，笼罩一切、充塞寰宇者，实为一相，今名之曰浑沌。其象未化，无形聚集；为自然之种，杂沓

加缪（1913—1960）

不谐，然燥居于一所。”

5. 黑格尔：“认质料为原始存在的、本身无形式的看法历史甚长，远在古希腊，我们就已经遇见过。首先是在神话形式的混沌说里，混沌被想象为现存世界的无形式的基础。这种观念导致的结论，在于不认上帝为世界的创造主，而只把他认作世界的范成者或塑造者。与此相反，认上帝由无中创造世界的观点，则较为深刻。”

6. 荷尔德林：“而从天穹高处直抵幽幽深渊 / 循牢不可破的法则，一如既往地 / 自然源出于神圣的混沌。”

7. 阿尔贝·加缪：“世上的罪恶差不多总是由愚昧无知造成的。没有见识的善良愿望会同罪恶带来同样多的损害。人总是好的比坏的多，实际问题并不在这里。但人的无知程度却有高低的差别，这就是所谓美德和邪恶的分野，而最无可救药的邪恶是这样的愚昧无知：自认为什么都知道，于是乎就认为有权杀人。”

《梦蝶图》刘贯道